AF209088

KEINE PANIK!

*Der ultimative Survival-Guide durchs
Chaos Universum der Pubertät*

Von derselben Autorin oder demselben Autor

KEINE PANIK ! Der ultimative Hitzewelle Surf-ival Guide durch das Menopause Universum

KEINE PANIK! Der ultimative Survival Guide durch das Midlife Universum

Energievampire-Unsichtbare Feinde der Seele-wie Du deine Lebensenergie zurückeroberst

Die Kunst sich selbst zu leben-über den Mut den eigenen Weg zu gehen

Psychotricks-Manipulation in Beziehungen und im Alltag erkennen und sich schützen

STUPID by the Feed-die gefährliche Macht der sozialen Medien

Mensch 2.0 wie du mit Technologie in Einklang kommst ,ohne dich selbst zu verlieren

Workflow 2.0-effizienter arbeiten,smarter leben

Das kreative Chaos- wie ADHS dein größtes Talent sein kann

Mein wunderschöner energetischer Naturgarten-wie Du mit Lakhovkis und Schaubergers Lehren deinen Garten in ein Paradies verwandelst

Mara von Eichen

KEINE PANIK!

Der ultimative Survival-Guide durchs Chaos Universum der Pubertät

Mara von Eichen

© Auflagen Mara von Eichen

ISBN : 978-3-7693-9922-6

Verlag: BoD · Books on Demand GmbH, Überseering 33, 22297 Hamburg, bod@bod.de
Druck: Libri Plureos GmbH, Friedensallee 273, 22763 Hamburg

Mara von Eichen

Über die Autorin

Mara von Eichen, geboren 1965 in Berlin, lebt heute mit ihrer Familie in Südungarn – mitten in der Natur, wo sie Inspiration und Ruhe gleichermaßen findet. Als Autorin und Künstlerin verbindet sie Tiefgang mit einem feinen Gespür für das Unsichtbare – und hat dabei einen Blick für Dinge, die anderen oft entgehen.

Schon als Kind faszinierte sie das Übersinnliche, und diese Neugier begleitet sie bis heute. Ihre Bücher vereinen Natur, Spiritualität und das Menschsein – mal mit Tiefgang, mal mit einem Augenzwinkern, aber immer mit einer besonderen Sensibilität.

Wenn sie nicht gerade schreibt oder künstlerisch arbeitet, streift sie durch die Landschaft, philosophiert über das Leben oder genießt einfach die Ruhe – außer natürlich, es gibt eine spontane Eingebung, die sofort festgehalten werden muss.

Ihre Werke laden dazu ein, die Welt mit anderen Augen zu sehen – bewusster, intensiver und vielleicht sogar mit einem Hauch von Magie.

Widmung

Dieses Buch widme ich all den jungen Menschen, die sich in der Pubertät und auf dem Weg zum Erwachsenwerden befinden – und all denen, die vielleicht schon einmal dort waren.

Ihr seid nicht allein in euren Gedanken und Gefühlen. Ihr seid nicht die Einzigen, die sich manchmal verloren fühlen, die das Gefühl haben, dass nichts wirklich passt oder dass jeder Tag eine neue Herausforderung ist. Dieses Buch ist für euch – für eure Fragen, eure Unsicherheiten und auch eure Stärke, die ihr vielleicht noch nicht ganz erkannt habt.

Es ist auch für all jene, die sich selbst nie wirklich gesehen haben und für die, die sich heute, morgen und auch in Zukunft die Zeit nehmen, sich selbst zu verstehen und zu akzeptieren.

Lasst euch nicht von den Stürmen des Lebens entmutigen. Ihr seid einzigartig und stark, auch wenn ihr euch manchmal anders fühlt. Die Pubertät ist nur eine von vielen Phasen im Leben, und auch wenn sie sich wie ein gewaltiger Sturm anfühlt, wird er vorübergehen – und ihr werdet daran wachsen.

Für eure Reise in die Zukunft, für das Finden von euch selbst und für die Momente, in denen ihr alles hinterfragt und dennoch weitergeht – dieses Buch ist für euch.

Herzlichst Mara

Mara

Inhaltsverzeichnis

Vorwort

Vorwort

Die Pubertät – ein Begriff, der bei vielen von uns sofort Bilder von Chaos, Unsicherheit und Turbulenzen im Kopf hervorruft. Es ist diese Phase, in der alles anders wird: der Körper, die Gedanken, die Beziehungen zu anderen Menschen. Du bist plötzlich in einem Zustand ständiger Veränderung – körperlich, emotional und mental. Nichts fühlt sich konstant an, und du bist ständig auf der Suche nach deiner eigenen Identität. Vielleicht hast du dich schon gefragt: „Wann hört das endlich auf? Wann kann ich einfach nur ich selbst sein, ohne ständig im Nebel der Unsicherheiten und der unerklärlichen Gefühle zu stecken?"

Wenn du gerade mitten in dieser Phase steckst, dann ist dieses Buch für dich. Wenn du vielleicht in einem Jahr oder zwei auf deine pubertären Erfahrungen zurückblicken möchtest und endlich verstehen willst, was da eigentlich abgegangen ist, dann ist dieses Buch ebenfalls für dich. Hier geht es nicht nur um die „harten Fakten" der Pubertät – wie das Wachstum von Körperhaaren oder das ständige Zerren der Hormone – sondern um all das Unsichtbare: die inneren Kämpfe, die Selbstzweifel, die Herausforderungen der

Freundschaften und die ständigen Fragen zu deiner eigenen Identität.

Dieses Buch ist dein Begleiter durch diese stürmische Zeit. Ich möchte dir zeigen, dass du nicht alleine bist. Alles, was du erlebst, haben auch andere durchgemacht oder werden es noch. Und ich möchte dir erklären, dass es okay ist, sich manchmal verloren oder überfordert zu fühlen. Es ist okay, nicht alle Antworten zu haben. Aber vor allem: Es ist okay, nicht perfekt zu sein.

Wir werden zusammen herausfinden, was in dieser Phase wirklich wichtig ist. Was du aus den verschiedenen Herausforderungen lernen kannst. Und vor allem, wie du dich selbst annehmen kannst – mit all deinen Stärken, Schwächen und Unsicherheiten. Denn die Pubertät ist nur ein kleiner Abschnitt deines Lebens, und was du in dieser Zeit an Erfahrungen sammelst, wird dich stärker und reifer machen. Du wirst die Perspektive gewinnen, dass „schwierig" nicht gleich „für immer" bedeutet. Die Zeit wird vergehen, und du wirst mehr und mehr du selbst werden.

Ich lade dich ein, mit mir auf diese Reise zu gehen – eine Reise durch das Dickicht der Pubertät und hin zu einem klareren, selbstbewussteren und stabileren

Ich. Und am Ende wirst du feststellen: Es wird alles gut. Spoiler: Es wird besser.

Einleitung

Einleitung

Die Pubertät. Alle reden davon, aber kaum einer erklärt wirklich, was da eigentlich passiert. Es ist diese seltsame Phase zwischen Kindheit und Erwachsensein, in der sich plötzlich alles verändert – der Körper, die Gedanken, die Beziehungen zu anderen und, ganz wichtig, die eigene Wahrnehmung von sich selbst. Du hast das Gefühl, du befindest dich in einem Labyrinth, dessen Ausgänge ständig verschieben und du von einem Moment auf den anderen nicht mehr weißt, wer du bist oder wohin du gehen willst. Und das ist nicht nur irgendwie unangenehm – es fühlt sich auch manchmal richtig anstrengend an, oder?

In der Pubertät stehst du vor einer ganz besonderen Herausforderung: Du bist in einer Übergangszeit, die alles andere als einfach ist. Dein Körper spielt verrückt, deine Hormone tanzen Tango und deine Emotionen fahren Achterbahn. Es gibt Tage, an denen du dich wie der König der Welt fühlst, und dann gibt es Tage, an denen du dir wünschst, du könntest einfach in dein Kinderzimmer zurückkriechen, wo alles viel einfacher schien. Aber so einfach ist es eben nicht.

Doch diese Zeit ist auch eine der spannendsten im Leben. Sie ist geprägt von Wachstum, Entdeckungen, ersten Erfahrungen und manchmal auch von peinlichen Momenten, die du später – mit etwas Abstand – vielleicht sogar lustig findest. Denn die Pubertät ist vor allem eines: eine Phase des Lernens. Du lernst nicht nur, dich selbst besser zu verstehen, sondern auch, wie du mit all den Herausforderungen umgehst, die das Leben dir stellt.

Vielleicht fragst du dich, was in diesem Buch für dich steckt. Nun, es geht um die Dinge, die du nicht unbedingt in der Schule lernst – die Dinge, die wirklich wichtig sind, aber die uns niemand so richtig erklärt. Wir reden über Freundschaften, die manchmal mehr wie Feindschaften wirken, über die erste Liebe, die sich anfühlt, als würde dein Herz plötzlich in Flammen stehen, und über das Chaos, das du in dir selbst findest, wenn du versuchst, dich selbst zu finden. Wir gehen aber auch auf die weniger glamourösen Themen ein: auf die Selbstzweifel, den Gruppenzwang, die Pubertätsakne und das Gefühl, von der Welt überfordert zu sein.

Wichtig ist, dass du eines verstehst: Du bist nicht allein. Jeder durchlebt diese stürmische Zeit auf seine Weise, aber wir alle kämpfen mit denselben Fragen und denselben Herausforderungen. Du wirst vielleicht denken, dass du nie wieder den Boden unter den Füßen spürst, aber genau in dieser Zeit formst du dich – und das, was du gerade erlebst, ist ein wichtiger Schritt in deiner Entwicklung.

In den nächsten Kapiteln werden wir uns gemeinsam durch diese wilden Jahre bewegen und dir aufzeigen, dass es okay ist, nicht immer alles im Griff zu haben. Dass du nicht perfekt sein musst, um wertvoll zu sein, und dass du dich nie für das schämen solltest, was du fühlst. Wir werden dir nicht nur erzählen, wie du mit den Schwierigkeiten der Pubertät umgehen kannst, sondern dir auch praktische Tipps und Perspektiven geben, wie du diese Zeit als Chance nutzen kannst, um stärker und selbstbewusster aus ihr hervorzugehen.

Willkommen im Chaos-Universum!

Kapitel 1:

Es beginnt ganz harmlos. Eines Morgens wachst du auf, schaust in den Spiegel und – BAM! – da ist er. Ein Pickel. Nicht irgendeiner, sondern einer, der aussieht, als hätte er vor, sein eigenes Gravitationsfeld zu entwickeln. Kein Grund zur Panik, denkst du. Doch als du „Guten Morgen" sagen willst, klingt deine Stimme wie eine kaputte Posaune – mal hoch, mal tief, dann wieder hoch. Willkommen in der Pubertät!

Diese Phase ist so etwas wie eine geheime Mission, bei der dein Körper und dein Kopf ohne Vorwarnung und ohne Bedienungsanleitung gegen dich arbeiten. Und das Beste: Niemand hat dich gefragt, ob du überhaupt teilnehmen möchtest! Deine Eltern sagen vermutlich Dinge wie: „Ach, das ist nur eine Phase." Das hilft dir nur leider nicht, wenn du plötzlich aus unerklärlichen Gründen wütend auf alles bist, inklusive deines linken Schuhs.

Wann geht's los?

Die Pubertät startet nicht für alle gleichzeitig. Manche erleben die ersten Veränderungen schon mit neun oder zehn, andere erst mit zwölf oder dreizehn. Und dann gibt es die wenigen Glücklichen, die sich bis

15 oder 16 noch entspannt zurücklehnen können, während um sie herum alle anderen durchdrehen. Kein Grund zur Sorge – egal wann es losgeht, irgendwann erwischt es jeden.

Im Durchschnitt beginnt die Pubertät:

- **Bei manchen zwischen 9 und 11 Jahren** (die Frühstarter – beneidet oder bemitleidet, je nach Perspektive)
- **Bei den meisten zwischen 11 und 14 Jahren** (willkommen im Club des Chaos!)
- **Bei einigen erst ab 14 oder 15 Jahren** (die Spätzünder, die sich freuen können, wenn sie später weniger Stress mit Wachstumsschüben haben)

Jeder Körper hat sein eigenes Tempo, und nur weil dein bester Freund oder deine beste Freundin schon einen Kopf größer ist als du, heißt das nicht, dass du für immer klein bleiben wirst. Spoiler: Später gleicht sich das meistens aus.

Was genau passiert hier eigentlich?

Die Pubertät ist im Grunde eine Baustelle. Stell dir vor, dein Körper ist eine Stadt, und plötzlich beschließt dein Gehirn, die gesamte Infrastruktur umzubauen. Ohne vorherige Absprache, versteht sich. Das alles hat mit Hormonen zu tun – winzigen chemischen Botenstoffen, die aus deiner ruhigen Kleinstadt einen wuseligen Großstadt-Dschungel machen.

Plötzlich fangen Dinge an zu wachsen, von denen du gar nicht wusstest, dass sie das können. Deine Haut produziert mehr Talg, weshalb Pickel sich wie ungeladene Gäste auf deinem Gesicht breitmachen. Dein Körper entscheidet sich, neue Gerüche zu entwickeln (zum Glück gibt es Deodorant), und deine Laune schwankt schneller als die Stimmung eines Dreijährigen, der gerade ein Eis verloren hat.

Kurz gesagt: Dein Körper ist jetzt in Dauersendung, und das Programm besteht aus Wachstumsschüben, Stimmschwankungen und Gefühlschaos. Klingt verrückt? Ist es auch.

Mission: Überleben in der Gefühlsachterbahn

Einer der fiesesten Aspekte der Pubertät ist die emotionale Achterbahnfahrt. An einem Tag fühlst du dich großartig, am nächsten könntest du alles und jeden anschreien – ohne wirklich zu wissen, warum.

Du wirst feststellen, dass Dinge, die dir früher egal waren, plötzlich total wichtig werden. Vielleicht merkst du, dass du dich mehr für dein Aussehen interessierst oder dass dir die Meinung anderer auf einmal sehr viel bedeutet. Vielleicht fühlst du dich manchmal unsicher oder hast das Gefühl, nicht dazuzugehören. Das alles ist normal. Dein Gehirn wird gerade grundlegend umgebaut – und das kann verwirrend sein.

Eine der häufigsten Fragen in dieser Zeit ist: **„Bin ich eigentlich normal?"**

Die Antwort lautet: Ja, bist du. Auch wenn es sich manchmal nicht so anfühlt. Die Pubertät ist für jeden anders, und jeder geht anders damit um. Es gibt keine „richtige" oder „falsche" Art, erwachsen zu werden.

Warum sind Erwachsene so komisch?

Hast du das Gefühl, dass deine Eltern plötzlich alles falsch machen? Dass sie dich einfach nicht verstehen? Willkommen im Club! Eine der größten Veränderungen während der Pubertät betrifft nicht nur dich, sondern auch deine Beziehung zu deinen Eltern oder anderen Erwachsenen.

Früher war es vielleicht okay, mit der Familie Zeit zu verbringen. Jetzt fühlt es sich an, als würden sie sich in dein Leben einmischen. Sie stellen nervige Fragen („Wie war die Schule?"), mischen sich in Dinge ein, die sie nichts angehen („Räum endlich dein Zimmer auf!") und scheinen grundsätzlich nicht zu kapieren, dass du kein kleines Kind mehr bist.

Warum ist das so? Ganz einfach: Während du dich veränderst, bleiben sie gleich. Du wächst, entwickelst neue Interessen und beginnst, Dinge zu hinterfragen – und für sie bist du immer noch das Kind, das vor ein paar Jahren mit Bauklötzen gespielt hat. Es wird eine Weile dauern, bis sie sich daran gewöhnen.

Der Körper wächst – und stolpert dabei gerne

Einer der faszinierendsten (und gleichzeitig nervigsten) Aspekte der Pubertät ist der plötzliche Wachstumsschub. Vielleicht wachst du eines Morgens auf und stellst fest, dass deine Hände und Füße irgendwie riesig wirken. Oder dass du ständig über deine eigenen Beine stolperst. Das liegt daran, dass dein Körper oft nicht gleichmäßig wächst. Erst werden Hände und Füße größer, dann die Arme und Beine, und irgendwann zieht der Rest nach.

Das erklärt auch, warum viele Teenager eine Weile etwas unbeholfen wirken – als hätte jemand ihnen plötzlich ein zu großes Kostüm angezogen. Keine Sorge, das gibt sich mit der Zeit.

Fazit: Du bist nicht allein!

Die Pubertät fühlt sich manchmal an wie ein verrückter Science-Fiction-Film, in dem dein Körper und deine Gefühle plötzlich eigene Regeln aufstellen. Aber das Wichtigste ist: **Du bist nicht allein.** Jeder durchläuft diese Phase – sogar deine Eltern, auch wenn sie sich nicht mehr daran erinnern können (oder es verdrängt haben).

Es wird Momente geben, in denen du dich überfordert fühlst. Tage, an denen du dich großartig fühlst, und Tage, an denen du dich fragst, ob jemals wieder alles normal sein wird. (Wird es. Versprochen.)

Dieses Buch ist dein Survival-Guide für die Reise durchs Pubertäts-Universum. Mit vielen Tipps, Tricks und einer guten Portion Humor wirst du lernen, wie du mit all den Veränderungen umgehen kannst, ohne komplett den Verstand zu verlieren.

Also schnall dich an – die Reise beginnt jetzt!

Mission Körper-Update

Kapitel 2:

In der Pubertät erlebt dein Körper eine der aufregendsten und verwirrendsten Phasen seines Lebens. Du wächst, du schwitzt, du bekommst Pickel und erlebst zum ersten Mal das Wunder der Menstruation oder der Erektion. Aber warum passiert das alles? Was tut sich da im Hintergrund und warum können sich deine Hormone plötzlich wie ein wildes Tier verhalten?

Für die einen fühlt sich die Pubertät wie ein turbulenter Flug in einem Flugzeug ohne Sicherheitsgurt an. Für andere wiederum ist es ein bisschen wie das Erlernen eines neuen, sehr seltsamen Tanzes, bei dem der Körper plötzlich in alle möglichen Richtungen geht, ohne sich nach einem klaren Plan zu richten. Was genau passiert also mit dir und deinem Körper? In diesem Kapitel bekommst du endlich die Antworten.

1. Das Wachstum – Dein Körper schießt in die Höhe!

Zuerst das Offensichtliche: Du wirst größer! Aber es ist nicht nur dein Körper, der wächst – auch deine Knochen, Muskeln und Organe tun es. Die Pubertät ist der Moment, in dem du plötzlich merkst, dass du nicht mehr der gleiche Mensch bist wie noch vor ein paar

26

Jahren. Deine Beine scheinen länger zu werden, und deine Schultern bekommen einen breiteren Schnitt. Du spürst, wie du plötzlich die Kleidung aus deinem Schrank herauswächst und einen Schub an Energie bekommst, den du vorher nicht gekannt hast.

Doch warum geschieht das? In den ersten Jahren der Pubertät wirst du von einem Hormon namens Wachstumsfaktor begleitet. Wachstumshormone steuern die Geschwindigkeit, mit der deine Knochen und Muskeln wachsen, und Testosteron bei Jungen sowie Östrogen bei Mädchen sind die treibenden Kräfte hinter diesen Veränderungen. Sie steuern das Muskelwachstum, den Knochenaufbau und machen dich nicht nur größer, sondern auch stärker.

Wachstumsfaktor – das Hormon hinter deinem Wachstum!

Der wahre Motor hinter deinem Wachstum in der Pubertät ist das Wachstumshormon (GH), auch bekannt als Somatotropin. Dieses Hormon wird in der Hirnanhangdrüse produziert und ist entscheidend für die Entwicklung deiner Knochen, Muskeln und Organe. Es ist der Grund, warum du plötzlich größer wirst und einen Schub an Energie bekommst.

Während der Pubertät produziert dein Körper deutlich mehr GH, was dazu führt, dass deine Knochen schneller wachsen und du in die Höhe schießt. Die Produktion von GH ist nicht konstant, sondern schwankt je nach Tageszeit und Alter. Besonders nachts, wenn du tief schläfst, wird GH in großen Mengen ausgeschüttet – deswegen ist ausreichend Schlaf in dieser Phase so wichtig. Der Körper nutzt die nächtliche Ruhephase, um zu regenerieren und zu wachsen.

In Kombination mit anderen Hormonen wie Testosteron bei Jungen und Östrogen bei Mädchen sorgt GH dafür, dass deine Muskeln an Volumen gewinnen und du insgesamt stärker und robuster wirst. Aber GH spielt auch eine Rolle bei der Fettverbrennung – es trägt dazu bei, dass du weniger Körperfett speicherst und stattdessen mehr Muskelmasse aufbaust.

Aber es gibt auch Herausforderungen. Dein Körper wird auf einmal viel größer, als du es gewohnt bist, und du musst dich erst wieder an deine neuen Dimensionen gewöhnen. Es kann sein, dass du dich plötzlich unbeholfen oder schüchtern fühlst, besonders wenn du in der Schule neben anderen stehst, die schon weiter sind als du. Aber keine Sorge – das ist ganz normal und wird sich irgendwann stabilisieren.

2. Pickel und Akne – Deine Haut steht auf dem Prüfstand!

Ja, es ist unvermeidlich: Die Pubertät bringt eine Veränderung deiner Haut mit sich, und leider hat nicht jeder das Glück, während dieser Zeit ein Hautwunder zu erleben. Pickel, Akne und fettige Haut sind bei vielen Jugendlichen ein allgegenwärtiges Thema. Du wachst morgens auf, schaust in den Spiegel und entdeckst plötzlich diese ungebetenen Gäste auf deiner Stirn, deinem Kinn oder deiner Nase. Und das zu einem Zeitpunkt, in dem du ohnehin schon mit all den anderen Veränderungen kämpfst!

Aber warum passiert das? Dein Körper produziert in der Pubertät mehr Öl (Sebum), was zu verstopften Poren führen kann. Dies wiederum lässt Bakterien gedeihen und führt zu Pickeln. Besonders bei Mädchen steigen die Östrogen-Spiegel, was die Talgproduktion anregt, und bei Jungen sorgt das Testosteron für eine Zunahme des Öls in der Haut. Wenn die Poren blockiert werden, entstehen Pickel.

Natürlich gibt es viele Produkte, die helfen sollen, aber nicht alle Lösungen funktionieren bei jedem gleich gut. Vielleicht hast du schon bemerkt, dass bestimmte Cremes oder Gesichtswasser die Pickel zwar lindern, aber sie verschwinden trotzdem nicht ganz.

Leider wird dir niemand versprechen können, dass deine Haut während der Pubertät makellos bleibt. Aber das ist in Ordnung, denn es ist ein vorübergehender Zustand – die Pickel gehen eines Tages zurück, und du wirst lernen, deine Haut besser zu verstehen.

3. Schweiß – Deine Haut muss arbeiten!

Der Schweiß ist eine der weniger glamourösen Seiten der Pubertät. Vielleicht bist du es gewohnt, dass du nach dem Sport oder einem heißen Tag draußen etwas schwitzt. Aber in der Pubertät kann es sein, dass du plötzlich merkst, wie viel mehr Schweiß du produzierst – und an Stellen, an denen du es nicht erwartet hättest.

Was passiert da? Dein Körper hat jetzt mehr Schweißdrüsen, die anfangen, aktiv zu werden. Besonders bei Jungen spielt Testosteron eine wichtige Rolle bei der Aktivierung der apokrinen Drüsen, die Schweiß produzieren. Bei Mädchen kann die Pubertät ebenfalls dazu führen, dass sie plötzlich viel mehr Schweiß bemerken, auch wenn das Östrogen-Hormon eine leicht andere Wirkung auf den Körper hat.

In dieser Phase beginnst du, Schweißgeruch zu entwickeln – der typische Körpergeruch, den du mit Pubertät verbindest. Der gute Teil: Du hast jetzt die Gelegenheit, neue Produkte zu entdecken, wie Deos und Antitranspirantien, die dir helfen, dich frisch zu halten. Aber nicht nur das, auch regelmäßiges Duschen wird dein bester Freund.

4. Die erste Periode – Willkommen, Menstruation!

Für Mädchen ist die erste Periode eines der größten Ereignisse der Pubertät. Es ist ein markantes Zeichen dafür, dass dein Körper in die nächste Phase übergeht. Aber keine Panik! Du bist nicht die Einzige, die das durchmacht, und auch wenn es sich anfangs ein wenig verwirrend anfühlt, ist es vollkommen normal. Während dieses Vorgangs schüttet dein Körper Östrogen und Progesteron aus, was den Zyklus steuert und dafür sorgt, dass dein Körper in der Lage ist, schwanger zu werden, wenn es so weit ist.

Vielleicht bist du besorgt oder hast Fragen zu der Periode, die du gerade bekommst. Und vielleicht hast du ein wenig Angst, dass du dich in der Schule oder bei Freunden blamierst, wenn es passiert. Aber keine Sorge – die meisten Mädchen bekommen ihre Periode irgendwann in der Pubertät, und sie dauert nicht ewig (meistens nur 3-7 Tage). Es ist einfach ein natürlicher Teil des Lebens, und mit der Zeit wirst du lernen, mit den Veränderungen und den damit verbundenen Emotionen umzugehen.

5. Die erste Erektion – ein verwirrender Moment für Jungen!

Während Mädchen ihre erste Periode erleben, durchlaufen Jungen ein anderes, aber genauso überraschendes Ereignis – die erste Erektion. Du hast vielleicht schon gehört, dass sich Erektionen während der Pubertät häufen können – auch wenn es nicht immer einen klaren Grund dafür gibt. Aber keine Sorge, das passiert jedem Jungen, und es ist ein natürlicher Teil des Wachstumsprozesses.

Die Ursache liegt in der verstärkten Testosteronproduktion, die zu spontanen Erektionen führt, auch wenn du es nicht erwartest. Besonders in der Nacht kommt es zu nächtlichen Erektionen, die du möglicherweise gar nicht bemerkst. Das ist nicht ungewöhnlich, also keine Panik!

6. Bartwuchs – ein neues Gesicht für Jungs

Für Jungs kann es ebenfalls aufregend sein, den ersten Bartwuchs zu bemerken. Ein kleiner Flaum beginnt am Kinn oder an den Wangen zu erscheinen. Einige Jungen bekommen in dieser Phase bereits einen volleren Bart, während andere sich gedulden müssen, bis sie in ihren frühen Zwanzigern den Bartwuchs vollständig entwickeln. Doch auch in der Pubertät ist der Bartwuchs ein Zeichen für die Veränderungen im Körper, die von Testosteron ausgelöst werden.

Fazit

Die Pubertät ist definitiv eine Zeit der Veränderung, die viele Fragen und Unsicherheiten mit sich bringt. Dein Körper verändert sich auf eine Weise, die du vorher vielleicht nicht gekannt hast, und du wirst entdecken, was es bedeutet, erwachsen zu werden. Während die ersten Pickel, Schweißausbrüche und Wachstumsschübe manchmal unangenehm sein können, ist es wichtig, sich daran zu erinnern, dass dies alles Teil des Wachstumsprozesses ist. Sei geduldig mit dir selbst – und denke daran, dass du nicht alleine bist!Die Pubertät ist ein Abenteuer, und während es manchmal chaotisch und verwirrend erscheint, wirst du dich irgendwann in deinem neuen Körper genauso wohlfühlen wie in deiner alten Haut. Jeder wächst in seinem eigenen Tempo, und das ist vollkommen in Ordnung.

Gefühlsachterbahn mit Turbogang – Warum du manchmal glücklich, wütend oder traurig bist – und das in fünf Minuten

Kapitel 3:

Die Pubertät ist eine der aufregendsten, aber auch herausforderndsten Phasen im Leben. Deine Körpererfahrungen und Gefühle sind in dieser Zeit intensiver und wechselhafter als je zuvor. Es ist, als würdest du mit einem hohen Tempo in einem Auto auf einer Landstraße fahren, die ständig Kurven hat – manchmal fühlst du dich großartig, manchmal bist du wütend, und dann plötzlich fühlst du dich einfach nur traurig oder verwirrt. Doch was ist der Grund für diese Turbogeschwindigkeit, und warum wechseln deine Gefühle manchmal so schnell? Die Antwort liegt in den tiefgreifenden hormonellen Veränderungen, die du in der Pubertät durchmachst.

Die Rolle der Hormone in der Pubertät

Hormone sind chemische Botenstoffe, die in deinem Körper eine Vielzahl von Prozessen steuern, einschließlich Wachstum, Stoffwechsel, Sexualverhalten und Emotionen. In der Pubertät verändert sich der Hormonspiegel rasant und beeinflusst nicht nur deinen

Körper, sondern auch deine psychische Gesundheit und deine Emotionen. Zwei der wichtigsten Hormone in dieser Phase sind **Östrogen** und **Testosteron**.

Östrogen: Das weibliche Hormon

Östrogen ist ein Hormon, das vorwiegend in den Eierstöcken produziert wird. Bei Mädchen erhöht sich die Produktion von Östrogen in der Pubertät, was eine Reihe von Veränderungen im Körper auslöst – von der Entwicklung der Brüste bis zum Beginn der Menstruation. Aber Östrogen beeinflusst nicht nur deinen Körper, sondern auch deine Gefühle. Es hat Auswirkungen auf die Neurotransmitter im Gehirn, die für die Regulierung von Emotionen zuständig sind. Ein erhöhter Östrogenspiegel kann zu einer verstärkten Sensibilität führen, weshalb Mädchen in dieser Phase häufig intensivere emotionale Reaktionen auf die gleichen Ereignisse zeigen als zuvor. Diese „emotionale Intensität" erklärt, warum sich ein Ereignis, das vielleicht früher keine große Rolle gespielt hätte, plötzlich überwältigend anfühlen kann.

Manche Mädchen berichten auch, dass sie sich in bestimmten Phasen der Pubertät plötzlich von anderen Menschen emotional distanzieren, besonders wenn sie mit großen Veränderungen oder Herausforderungen konfrontiert sind. Östrogen spielt eine Rolle bei der Regulierung der Stimmung, doch wenn der Spiegel steigt oder fällt, kann es zu Stimmungsumschwüngen kommen – man fühlt sich dann mal besonders glücklich, dann wieder traurig oder gereizt.

Testosteron: Das männliche Hormon

Testosteron, das häufig als „männliches Hormon" bezeichnet wird, ist auch bei Mädchen präsent, allerdings in niedrigeren Konzentrationen. Bei Jungen steigt die Produktion von Testosteron in der Pubertät stark an und ist mit vielen körperlichen Veränderungen verbunden, wie dem Wachstum von Körperbehaarung, einer tieferen Stimme und einer Zunahme der Muskelmasse. Aber auch Testosteron hat einen erheblichen Einfluss auf die Emotionen. Es ist bekannt, dass Testosteron die Aggressionen und die Impulsivität verstärken kann – zwei Emotionen, die in der Pubertät oft besonders ausgeprägt sind. Jungen neigen dazu, besonders empfindlich auf herausfordernde oder stressige Situationen zu reagieren, was häufig in Wut oder Frustration münden kann. Diese häufige Schwankung zwischen intensiven Gefühlen kann dazu führen, dass sich ein Junge in der Pubertät von einem Moment zum nächsten verändert, ohne dass er genau versteht, warum.

Das Zusammenspiel von Östrogen, Testosteron und anderen Hormonen

Östrogen und Testosteron sind nicht die einzigen Hormone, die während der Pubertät eine Rolle spielen.

Auch **Progesteron**, **Adrenalin** und **Cortisol** – um nur einige zu nennen – beeinflussen deine Emotionen und dein Verhalten. **Adrenalin** und **Cortisol** sind die Stresshormone, die in deinem Körper ausgeschüttet werden, wenn du unter Druck stehst oder dich ängstlich fühlst. Sie bereiten deinen Körper darauf vor, auf eine stressige Situation zu reagieren. Doch in der Pubertät wird dieser Prozess manchmal „überaktiviert". Das bedeutet, dass du oft stärker auf Stressfaktoren reagierst, als es in der Vergangenheit der Fall war, was zu plötzlich auftretender Angst, Nervosität oder auch Wut führen kann.

Ein weiterer wichtiger Faktor sind **Neurotransmitter**, wie **Serotonin** und **Dopamin**, die oft als „Glückshormone" bezeichnet werden. Sie regulieren deine Stimmung und dein allgemeines Wohlbefinden. Während der Pubertät können diese Neurotransmitter unregelmäßig ausgeschüttet werden, was zu Phasen intensiver Glückseligkeit oder plötzlicher Traurigkeit führen kann. Ein hoher Dopaminspiegel führt häufig zur Euphorie, während ein niedriger Serotoninspiegel mit einer gedrückten Stimmung oder sogar depressiven Gefühlen einhergehen kann.

Warum Gefühle in der Pubertät so schnell wechseln

Es gibt mehrere Gründe, warum deine Gefühle in der Pubertät so schnell wechseln können. Der Hauptgrund liegt in der Intensität und Schnelligkeit der hormonellen Veränderungen, die in dieser Lebensphase auftreten. Wenn du plötzlich von einem Moment auf den anderen eine Stimmungsschwankung durchlebst, liegt das meist daran, dass sich dein Hormonspiegel verändert hat – und zwar rasant.

Stell dir vor, du bist in einer stressigen Situation, wie einem Streit mit einem Freund oder einem Problem in der Schule. Dein Gehirn schüttet Adrenalin aus, um dich auf die Situation vorzubereiten. Doch im Laufe der Pubertät kann dein Körper plötzlich überreagieren – der Adrenalinschub hält länger an als zuvor, und es kann sein, dass du dich nach dem Stress noch lange aufgewühlt fühlst. Diese übermäßige Reaktion auf äußere Reize ist ein typisches Zeichen für die pubertären Hormonveränderungen.

Doch nicht nur äußere Stressfaktoren können zu Stimmungsschwankungen führen. Auch innere Veränderungen wie die Vorstellung, wie du dich selbst siehst, wie du dich in Beziehungen zu anderen Menschen siehst und wie du deine Zukunft betrachtest, beeinflussen deine Emotionen. In der Pubertät beginnst du, dich selbst und deinen Platz in der Welt neu zu definieren, was mit vielen Unsicherheiten und Fragen verbunden ist. Deine Identität verändert sich, und das kann zu Angst, Verwirrung oder Wut führen.

Die Auswirkungen von sozialen und schulischen Stressfaktoren

Neben den hormonellen Veränderungen spielt auch dein soziales Umfeld eine wichtige Rolle bei der emotionalen Achterbahnfahrt, die du in dieser Zeit erlebst. Schulstress, Konflikte mit Freunden oder das Gefühl, nicht verstanden zu werden, können die Stimmung zusätzlich beeinflussen. Die Pubertät ist nicht nur eine Zeit der körperlichen Veränderung, sondern auch eine Zeit intensiver sozialer Anpassung. Du versuchst herauszufinden, wo du in der sozialen Hierarchie stehst, und möchtest gleichzeitig akzeptiert werden. Diese ständige Suche nach Zugehörigkeit kann zu vielen emotionalen Schwankungen führen.

Besonders in der Schule, wenn du mit Leistungsdruck und dem Vergleich zu anderen konfrontiert bist, kann der Stress die Stimmungsschwankungen verstärken. Wenn etwas in der Schule schiefgeht – ein Test, eine Note oder ein Konflikt mit einem Lehrer – kann es dich emotional mehr belasten als zu anderen Zeiten. Das liegt nicht nur an den eigenen Erwartungen, sondern auch an den Erwartungen von anderen, die du zu erfüllen versuchst.

Wie du mit der Gefühlsachterbahn umgehen kannst

Die Gefühlsachterbahn ist vollkommen normal und gehört zum Erwachsenwerden dazu. Die gute Nachricht ist, dass du lernen kannst, besser mit diesen Stimmungsschwankungen umzugehen. Hier sind einige Tipps, die dir helfen können, deine Emotionen zu verstehen und zu kontrollieren:

1. **Akzeptiere deine Gefühle**: Es ist wichtig, zu verstehen, dass deine Gefühle keine Schwäche sind. Es ist vollkommen normal, sich plötzlich aufgeregt, traurig oder wütend zu fühlen. Du musst dich nicht schämen oder dich selbst dafür kritisieren.

2. **Sprich darüber**: Es kann unglaublich hilfreich sein, mit jemandem über das zu sprechen, was du gerade fühlst. Vielleicht ist es ein Freund, ein Elternteil oder ein Lehrer, der dir zuhört und dir hilft, deine Gedanken und Gefühle zu ordnen.

3. **Lerne, mit Stress umzugehen**: Übungen wie tiefe Atemtechniken, Meditation oder Sport können dir helfen, deinen Stress abzubauen und deine Emotionen zu beruhigen. Es ist auch wichtig, ausreichend zu schlafen und gesunde Gewohnheiten zu pflegen.

4. **Reflektiere über deine Reaktionen**: Wenn du merkst, dass du in einer Situation sehr emotional reagierst, nimm dir einen Moment Zeit, um nachzudenken, was diese Reaktion ausgelöst hat. War es eine hormonelle Veränderung oder ein sozialer Stressfaktor? Das Bewusstsein für die Ursachen deiner Gefühle kann dir helfen, sie besser zu kontrollieren.

Fazit

Die pubertären Stimmungsschwankungen sind eine normale Reaktion auf die hormonellen Veränderungen, die in deinem Körper stattfinden. Es kann sich wie eine wilde Achterbahnfahrt anfühlen, aber du wirst lernen, damit umzugehen. Du bist nicht allein, und es gibt Wege, um die Kontrolle über deine Gefühle zu gewinnen. Die pubertären Veränderungen sind vorübergehend – und mit der Zeit wirst du feststellen, dass du immer besser darin wirst, die Höhen und Tiefen des Lebens zu meistern.

Eltern: Nervig oder nur verwirrt? – Warum deine Eltern plötzlich komische Fragen stellen und wie du damit umgehst

Kapitel 4:

Es gibt Momente, in denen du dich fragst, ob deine Eltern wirklich die gleichen sind wie früher. Wo sind die coolen, verständnisvollen Erwachsenen hin, die dir mal das Gefühl gaben, dass sie dich „wirklich verstehen"? Stattdessen bekommst du plötzlich Fragen wie: „Hast du ausreichend Gemüse gegessen?", oder „Warum hast du das nicht schon längst erledigt?" Und dann gibt es noch diese Klassiker: „Was hast du eigentlich vor, wenn du älter bist?" und „Warum redest du so wenig über deine Gefühle?"

Du verdrehst die Augen und fragst dich, warum sie plötzlich so viel Interesse an deinem Leben zeigen. Hatten sie das nicht schon mal vor Jahren? Und warum sind sie jetzt so besessen von deinem Handy oder der Art, wie du deine Zeit verbringst? Klar, du bist in der Pubertät, und damit hast du dein eigenes Leben, deine eigenen Gedanken, und du möchtest deine Freiheit genießen. Aber warum müssen deine Eltern plötzlich wie

Detektive auftreten und dich immer wieder mit Fragen bombardieren?

Der „Elternmodus": Warum stellen sie diese Fragen?

Zuerst einmal: Du bist nicht allein. Die meisten Teenager durchlaufen diese Phase, in der sie ihre Eltern als „nervig" empfinden. Aber bevor du deine Eltern einfach für verrückt erklärst und den Kontakt mit ihnen abbrechst (natürlich nicht wirklich), solltest du wissen, dass sie nicht einfach nur aus Langeweile diese Fragen stellen. Der wahre Grund, warum Eltern plötzlich wie neugierige Detektive wirken, liegt in der Tatsache, dass sie dich immer noch lieben – auch wenn es dir manchmal nicht so erscheint.

1. Die elterliche Sorge: „Was, wenn dir etwas passiert?"

Eltern sind besessen von der Vorstellung, dass dir irgendetwas Schlimmes passieren könnte. Warum? Nun, sie haben das alles schon mal durchgemacht und wissen aus eigener Erfahrung, dass die Welt nicht immer ein sanfter Ort ist. Sie haben nicht nur ihre eigenen Kindheitserfahrungen, sondern auch ein riesiges Arsenal an Nachrichten, Statistiken und (zu viele) Geschichten über Unfälle, Missverständnisse und das böse Internet, die sie ständig dazu anregen, sich Sorgen zu machen.

Die Fragen, die dir oft merkwürdig erscheinen, sind in Wirklichkeit einfach ihre Versuche, dir zu helfen, nicht in irgendwelche gefährlichen Situationen zu geraten. Wenn deine Mutter fragt: „Warum hast du nicht geantwortet, als ich dir geschrieben habe?", denkt sie nicht, dass du einfach faul bist – sie denkt, dass vielleicht etwas schiefgegangen sein könnte. Vielleicht hast du deinen Schlüssel verloren, bist in einem seltsamen Bezirk unterwegs oder, noch schlimmer, dein Akku ist wieder leer (ja, es passiert).

Also ja, sie fragt so oft nach, weil sie sicherstellen möchte, dass du sicher bist – auch wenn es nicht immer so klingt.

2. Das Überwachungs-Dilemma: Von der „Weltbeherrscherin" zur „überforderten Lehrerin."

Du hast es wahrscheinlich schon bemerkt: Deine Eltern, vor allem die, die früher dein größter Fan waren, scheinen plötzlich von „Weltbeherrschern" zu „überforderten Lehrern" zu mutieren. Sie stellen Fragen über deine Noten, deine Hausaufgaben und natürlich deinen Freundeskreis. Das mag nervig wirken, aber das ist kein persönlicher Angriff auf dich – es ist vielmehr ein Symptom der Tatsache, dass sie nun nicht mehr nur Eltern sind, sondern auch Co-Trainer deines Lebens.

Eltern versuchen oft, einen Balanceakt zu vollführen: Sie möchten dir Freiheit geben, aber gleichzeitig ihre Verantwortung als Erziehungsberechtigte nicht aufgeben. Diese Fragen, die dich so nerven, dienen dazu, das Gleichgewicht zwischen Vertrauen und Kontrolle aufrechtzuerhalten. Sie wollen sicherstellen, dass du nicht zu schnell in den wilden Strudel des Erwachsenenlebens stürzt und dabei wichtige Grundlagen verpasst – wie das Führen eines Gesprächs, das Finden von Lösungen für Probleme oder das Erkennen, dass ein gesunder Schlaf manchmal mehr wert ist als eine Stunde Fortnite.

3. Die „Was-wirst-du-mal-wirken"-Fragen: Der Blick in die Zukunft

Wahrscheinlich ist eine der am häufigsten gestellten Fragen: „Was hast du dir für die Zukunft vorgenommen?" Die Vorstellung, dass du dich irgendwann „festlegen" musst, ist für viele Eltern ein Albtraum. Ihre eigenen Erfahrungen und das Wissen um die Herausforderungen des Lebens lassen sie glauben, dass du die richtigen Entscheidungen treffen musst – und zwar jetzt. Was du mit deiner Zeit anstellst, ist für sie ein Hinweis darauf, ob du später „was aus dir machen wirst". Und deshalb stellen sie diese Fragen ständig.

Doch in Wirklichkeit sind diese Fragen nicht immer so ernst gemeint, wie sie klingen. Oft wollen sie einfach wissen, wie du die Dinge siehst – und natürlich hoffen sie, dass du eines Tages „etwas Sinnvolles" aus deinem Leben machst. Manchmal kommen diese Fragen einfach aus einer Mischung von Sorge und Hoffnung. Doch anstatt dir ein schlechtes Gewissen zu machen, weil du noch keine Antwort darauf hast, wie du in zehn Jahren leben willst, solltest du verstehen, dass deine Eltern in Wahrheit auch nur auf der Suche nach einem Zeichen sind, dass du beginnst, dein eigenes Leben zu steuern.

4. Der ewige Drang, dich zu „verstehen": Deine Gefühle und die elterliche Neugierde

Wenn deine Eltern plötzlich anfangen, sich über deine „Gefühle" Gedanken zu machen, könnte das in etwa so wirken, als ob sie versuchen, einen Geheimgang in dein Gehirn zu entdecken. Aber warum interessiert sie das plötzlich so sehr? Nun, die Pubertät ist eine Zeit des Wandels – nicht nur für dich, sondern auch für deine Eltern. In dieser Phase deines Lebens beginnst du, deine Identität zu entwickeln, und das kann zu einer ganzen Reihe neuer Gefühle führen, die für deine Eltern oft schwer zu verstehen sind.

Plötzlich scheint alles, was du sagst oder tust, von einer völlig anderen Bedeutung zu sein. Was für dich nach einer normalen Unterhaltung aussieht, erscheint deinen Eltern wie ein geheimes Rätsel, das sie unbedingt entschlüsseln müssen. Deshalb fragen sie immer wieder nach deinen Gefühlen, um ein besseres Verständnis für deine Welt zu bekommen. Auch wenn es sich anfühlt, als ob sie dich ständig mit ihrer unverständlichen „Gefühlswelle" belästigen, wollen sie dir eigentlich nur nahe sein – auf eine etwas unbeholfene Weise.

Wie du mit den Fragen der Eltern umgehen kannst

Jetzt, da du ein besseres Verständnis für die Gründe hinter den nervigen Fragen deiner Eltern hast, fragst du dich wahrscheinlich, wie du damit umgehen kannst, ohne in einen endlosen Streit zu geraten oder deine Eltern mit einem genervten Augenrollen zu konfrontieren.

1. Sei ehrlich und direkt

Anstatt deinen Eltern mit einer vagen Antwort wie „Ich weiß es nicht" oder „Das ist mir egal" zu begegnen, versuche, ehrlich und direkt zu sein. Klar, es ist nicht immer einfach, über deine Zukunft oder deine Gefühle zu sprechen, aber deine Eltern würden es zu schätzen wissen, wenn du versuchst, ihnen wenigstens einen Einblick zu geben. Du musst nicht sofort wissen, was du in fünf Jahren machen möchtest, aber vielleicht kannst du sagen: „Ich überlege gerade, was mich wirklich interessiert, aber ich nehme mir noch Zeit, darüber nachzudenken."

2. Erkläre ihnen deine Perspektive

Statt dich über ihre Fragen zu ärgern, könntest du versuchen, deinen Eltern zu erklären, warum du dich auf eine bestimmte Weise verhältst. Vielleicht hast du nicht die Zeit, ständig auf ihre Nachrichten zu antworten, weil du gerade etwas Wichtigeres zu tun hast – vielleicht ein interessantes Gespräch mit einem Freund oder eine dringend benötigte Pause. Gib deinen Eltern die Chance, zu verstehen, warum du manchmal nicht sofort verfügbar bist, und vielleicht sind sie dann weniger besorgt.

3. Lache mit ihnen

Lachen ist eine großartige Methode, um den Druck aus der Situation zu nehmen. Wenn deine Eltern wirklich zu aufdringlich werden oder merkwürdige Fragen stellen, versuche, es humorvoll zu nehmen. Oft merken sie dann, dass sie vielleicht etwas übertreiben, und es kann helfen, die Spannung zu lösen.

Fazit: Eltern sind nervig – aber auch nur Menschen

Die nächsten Jahre werden eine Zeit des Umbruchs und der Entfaltung für dich und deine Eltern sein. Ihre Fragen und ihr Verhalten sind oft nur Ausdruck ihrer

Sorgen und ihrer eigenen Unsicherheiten. Sie haben dir das Leben geschenkt und möchten sicherstellen, dass du deinen Weg sicher gehst. Und auch wenn es manchmal so aussieht, als würden sie dich überwachen oder kontrollieren wollen – tief im Inneren wollen sie dich nur schützen und unterstützen.

Also, beim nächsten Mal, wenn deine Eltern wieder mit einer dieser „nervigen" Fragen kommen, denke daran: Sie sind wahrscheinlich genauso verwirrt wie du. Sie haben nur ein wenig mehr Lebenserfahrung (und ein paar mehr Sorgen), und das macht ihre Fragen nicht weniger wichtig – auch wenn sie sich manchmal wirklich komisch anhören.

Freunde, Feinde & Fake Friends – Wie sich Freundschaften verändern und woran du echte erkennst

Kapitel 5:

Freunde, Feinde und Fake Friends – in der Pubertät kann sich die soziale Landschaft schneller verändern als der Wetterbericht. Du hast sicher schon bemerkt, dass Freundschaften in dieser Zeit eine ganz neue Dimension bekommen. Vielleicht hast du das Gefühl, dass du Menschen um dich herum nie wirklich verstanden hast oder plötzlich in Gruppen gefangen bist, die du nicht unbedingt brauchst. Und das alles kann sich anfühlen wie ein wilder Ritt auf einer Achterbahn, bei dem du nie genau weißt, ob du am Ende des Tages noch die gleichen Freunde hast, mit denen du morgens gesprochen hast.

Die Pubertät ist nicht nur eine körperliche, sondern auch eine soziale Herausforderung. Du beginnst, dich neu zu definieren – als Individuum und als Teil von sozialen Kreisen. Und was dabei oft passiert, ist, dass sich Freundschaften ändern oder sogar in die Brüche gehen. Es gibt neue Leute, mit denen du viel mehr gemeinsam zu haben scheinst, und alte Freunde, die plötzlich mit dir nichts mehr zu tun haben wollen. Aber was ist da eigentlich los? Und vor allem: Wie erkennst du, wer wirklich dein Freund ist und wer dir nur vorgaukelt, an deiner Seite zu stehen?

In diesem Kapitel tauchen wir tief in die Welt der Freundschaften ein. Wir schauen uns an, wie sich diese verändern, was du tun kannst, wenn der Gruppenzwang und der Druck, immer "cool" zu sein, überhandnehmen, und wie du wahre Freundschaften von den Fake Friends unterscheidest. Dabei werfen wir auch einen Blick auf die Auswirkungen von sozialen Medien und Internet-Challenges – Themen, die gerade in der Pubertät von enormer Bedeutung sind.

1. Die Veränderung von Freundschaften – Von Kindheitsfreunden zu neuen Verbindungen

In der Pubertät beginnt sich dein Freundeskreis oft drastisch zu verändern. Vielleicht hast du früher immer mit denselben Leuten abhangen, die du schon aus der Grundschule gekannt hast. Doch jetzt, wo du dich weiterentwickelst und neue Interessen entdeckst, merkst du plötzlich, dass du weniger mit ihnen gemeinsam hast. Die Dinge, die dir früher Spaß gemacht haben, wie stundenlanges Videospielen oder das ständige Rumhängen im Park, haben vielleicht für dich ihren Reiz verloren. Und du fängst an, nach Menschen zu suchen, die deine Interessen und deine neuen Sichtweisen teilen.

Diese Veränderungen können mitunter schmerzhaft sein, besonders wenn du merkst, dass du dich von alten Freunden distanzierst. Aber auch das ist ein natürlicher Teil des Erwachsenwerdens. Es ist völlig in Ordnung, neue Freundschaften zu schließen und Beziehungen zu hinterfragen. Dabei ist es wichtig zu verstehen, dass Freundschaften in der Pubertät oft nicht nur durch gemeinsame Aktivitäten geprägt sind, sondern auch durch die psychologische Entwicklung, die du durchmachst. Du entwickelst dich weiter – und das bedeutet auch, dass du andere Menschen an deiner Seite haben willst, die mit dir auf dieser Reise sind.

Aber was passiert, wenn du plötzlich das Gefühl hast, dass du in Gruppen unterwegs bist, die nicht wirklich deine Freunde sind, sondern eher eine Art „Gesellschaft auf Probe"? Oder was passiert, wenn Freundschaften plötzlich nur noch auf den Austausch von Likes in sozialen Netzwerken reduziert werden?

2. Der Einfluss des Gruppenzwangs – Warum du nicht immer der Meinung der anderen sein musst

Die Pubertät ist die Zeit, in der Gruppenzwang zu einem echten Thema wird. Besonders wenn du in einer

Phase bist, in der du dich selbst noch entdeckst und nicht genau weißt, wo du hingehörst, kann es schwer sein, gegen den Druck von außen standzuhalten. Plötzlich wird es wichtig, was andere denken. Und das betrifft nicht nur, welche Klamotten du trägst oder welchen Musikgeschmack du pflegst – es geht auch darum, welche Verhaltensweisen du an den Tag legst und wie du dich in bestimmten Situationen verhältst.

Der Gruppenzwang kann besonders dann problematisch werden, wenn er dich dazu drängt, Dinge zu tun, die du eigentlich nicht tun möchtest – sei es das Trinken von Alkohol, das Rauchen von Zigaretten oder das Mitmachen bei verrückten „Challenges", die in den sozialen Medien kursieren. Du wirst vielleicht von deinen Freunden oder von anderen aus der Gruppe aufgefordert, an diesen Aktionen teilzunehmen, und der Druck kann manchmal so groß sein, dass du das Gefühl hast, nicht dazuzugehören, wenn du es ablehnst.

Das Dilemma dabei: Du willst nicht der Außenseiter sein, du möchtest dazugehören und akzeptiert werden. Doch es ist wichtig zu wissen, dass wahre Freunde dich nicht zwingen werden, Dinge zu tun, mit denen du dich nicht wohlfühlst. Wahre Freundschaft bedeutet nicht, dass man sich selbst verleugnen muss, um jemand anderem zu gefallen. Und hier ist der Trick: Wenn du dich dabei unwohl fühlst oder sogar ein schlechtes Gefühl im Bauch bekommst, dann ist es wahrscheinlich das Beste, einfach nein zu sagen.

Das bedeutet nicht, dass du immer der „Spielverderber" sein musst, aber es ist wichtig, deine eigenen Grenzen zu erkennen und auf dich selbst zu hören. Manchmal bedeutet wahre Freundschaft, dass man auch den Mut hat, gegen den Strom zu schwimmen – auch wenn es bedeutet, nicht immer der Meinung der Mehrheit zu sein.

3. Drogen und Challenges – Der neue Gruppenzwang im digitalen Zeitalter

In der heutigen Zeit wird der Gruppenzwang durch die sozialen Medien noch verstärkt. Früher gab es „normale" Challenges, bei denen du dich vielleicht mit deinen Freunden in einer örtlichen Freizeitstätte messen konntest. Heute gibt es jedoch ständig neue „Herausforderungen" auf TikTok, Instagram oder YouTube, die dich dazu auffordern, Dinge zu tun, die du dir vorher nie hättest vorstellen können.

Ein Beispiel für diese Art von Druck sind die sogenannten „Drogen-Challenges". Vielleicht hast du schon mal von diesen „Viralen Trends" gehört, bei denen Jugendliche – oft ohne nachzudenken – Drogen oder Alkohol konsumieren, nur um in der Gruppe akzeptiert zu werden. Der Druck, „cool" zu sein oder den Erwartungen gerecht zu werden, kann dazu führen, dass du mitmachst, obwohl du weißt, dass es gefährlich und unvernünftig ist.

Wichtig ist, dass du dich immer daran erinnerst, dass diese Trends und Challenges in den sozialen Medien meist nur die dunkle Seite des „Gefällt mir"-Systems widerspiegeln. Diese Aufmerksamkeit ist oft kurzlebig und führt zu nichts Gutem. Es geht nicht darum, wie viele Menschen dich feiern, sondern darum, wie du dich selbst respektierst und wie du sicherstellst, dass du deine eigenen Werte und Grenzen einhältst.

Das bedeutet nicht, dass du das Internet und soziale Medien komplett meiden solltest – sie können eine tolle Quelle der Inspiration sein und dir helfen, mit anderen in Kontakt zu treten. Aber es ist entscheidend, sich bewusst zu machen, dass nicht alles, was du dort siehst, gesund oder richtig ist. Und es liegt an dir, mit deinem Kopf und deinen Gefühlen zu entscheiden, was du wirklich willst und was du ablehnen kannst.

4. Fake Friends – Wie erkennst du die, die es nicht ernst meinen?

Manchmal ist es schwierig zu erkennen, wer wirklich dein Freund ist und wer dich nur als „Sprungbrett" für seinen eigenen sozialen Status benutzt. Leider gibt es viele Menschen, die sich als Freunde ausgeben, nur um in deiner Nähe zu sein, weil es ihnen Vorteile verschafft. Das können die Leute sein, die nur dann mit dir abhängen, wenn du etwas zu bieten hast, sei es Popularität, Geld oder Zugang zu etwas, das sie wollen.

Echte Freunde sind diejenigen, die für dich da sind, nicht nur, wenn es ihnen etwas bringt. Sie hören dir zu, unterstützen dich und respektieren dich, auch wenn du nicht immer derjenige bist, der den besten „Deal" oder die meisten „Likes" hat.

Fake Friends erkennt man oft daran, dass sie dich nur dann in den Fokus nehmen, wenn es für sie von Vorteil ist. Wenn du etwas erreichst oder etwas hast, das sie brauchen, sind sie plötzlich ganz interessiert. Aber wenn du Hilfe brauchst oder sie etwas von dir verlangen, sind sie schnell verschwunden. Sie sind „Freunde" in guten Zeiten, aber verschwinden, wenn es schwierig wird.

Es ist wichtig, sich nicht von Fake Friends in die Irre führen zu lassen. Wahre Freundschaften sind immer eine Zwei-Wege-Straße, bei der beide Seiten füreinander da sind – nicht nur, wenn es bequem ist.

Fazit

Freundschaften sind in der Pubertät ein heikles Thema, und du wirst feststellen, dass sie sich oft schneller ändern, als du es dir wünschen würdest. Aber denk daran: Echte Freundschaft ist nicht nur ein Gefühl, sondern auch eine Entscheidung. Es geht darum, Menschen zu finden, die dich akzeptieren, so wie du bist, und die dir auch dann beistehen, wenn du gerade nicht der „Coolste" oder „Beliebteste" bist.

Die Pubertät wird dir die Chance geben, herauszufinden, was du wirklich von deinen Freunden erwartest und wie du sie auch unterstützen kannst. Lass dich nicht von Gruppenzwang oder Fake Friends täuschen – bleib dir selbst treu und umgib dich mit Menschen, die dich wirklich schätzen. Das ist die wahre Bedeutung von Freundschaft.

Liebe, Crushes & das große Gefühlschaos – Wenn dein Herz auf einmal Purzelbäume schlägt

Kapitel 6:

Die Pubertät ist nicht nur eine Zeit des körperlichen Wandels, sondern auch eine der emotionalen Achterbahnfahrten. Plötzlich schlägt dein Herz bei der Vorstellung, jemanden anzusehen, der dir gefällt – und nicht nur das, es scheint auch den gesamten Körper zu ergreifen. Deine Gedanken rasen, du bekommst Schmetterlinge im Bauch, und das alles geht mit der ersten intensiven Erfahrung von Liebe, Crushes und diesem einzigartigen Gefühlschaos einher. Die Welt fühlt sich plötzlich größer an, alles scheint intensiver, aufregender und auch ein kleines bisschen verwirrender.

Erste Schwärmereien, die Suche nach der „großen Liebe", aber auch die Enttäuschungen und Unsicherheiten – all das sind Themen, die dich in dieser Phase deines Lebens beschäftigen. Du bist in einem Alter, in dem du zum ersten Mal so richtig verstehst, was es bedeutet, sich für jemanden zu interessieren. Und nicht nur das: Du beginnst auch, deine eigene Identität in

Beziehungen zu definieren und zu hinterfragen, was wahre Liebe für dich bedeutet.

In diesem Kapitel werden wir uns mit all dem befassen: Was passiert, wenn dein Herz zum ersten Mal Purzelbäume schlägt? Wie gehst du mit Crushes um, die du nicht richtig einordnen kannst? Und was sind die ersten Anzeichen von echter Liebe? Aber auch: Wie gehst du mit den Gefühlen um, die so intensiv sind, dass du manchmal das Gefühl hast, sie nicht mehr kontrollieren zu können?

1. Was ist eigentlich ein „Crush"?

Zunächst einmal sollten wir uns die Frage stellen: Was genau ist ein „Crush"? In der Pubertät ist ein Crush die erste Person, auf die du ein besonderes Interesse entwickelst, die deine Gedanken immer wieder beschäftigt und bei deren Anblick dein Herz schneller schlägt. Ein Crush ist nicht unbedingt Liebe, sondern eher eine sehr starke Schwärmerei, die du oft nicht ganz einordnen kannst. Du kannst jemanden bewundern, ihn attraktiv finden oder dich einfach von seiner Ausstrahlung angezogen fühlen. Vielleicht fühlst du dich nervös oder unsicher in seiner Nähe, aber gleichzeitig auch aufgeregt und begeistert. Diese Mischung aus Gefühlen ist es, die das Ganze so spannend macht.

Ein Crush ist die erste Begegnung mit einem Gefühl, das du bisher vielleicht nur aus Filmen oder Erzählungen gekannt hast. Du beginnst, den anderen immer wieder in Gedanken zu verfolgen, versuchst, herauszufinden, was er oder sie mag, und lässt dich von der Vorstellung leiten, was passieren könnte, wenn sich eure Wege irgendwann kreuzen. Es ist das, was viele „Schmetterlinge im Bauch" nennen – eine Mischung aus Nervosität und Aufregung, die deinen gesamten Körper in Wallung versetzen kann. Doch was passiert, wenn diese Gefühle nicht nur vorübergehend sind, sondern intensiver werden?

2. Wenn Liebe plötzlich „echte" Liebe wird

Mit der Zeit kann aus einem Crush mehr werden. Was du vielleicht am Anfang nur als aufregende Schwärmerei erlebt hast, entwickelt sich zu einer tieferen, intensiveren Verbindung, die du nicht mehr so leicht abschütteln kannst. Plötzlich merkst du, dass du dich nicht nur für die äußere Erscheinung dieser Person interessierst, sondern auch für ihre Gedanken, ihre Interessen und ihre Persönlichkeit. Du beginnst, die Person als Ganzes wahrzunehmen, und es entsteht eine starke emotionale Bindung.

„Echte" Liebe bedeutet hier nicht nur das klassische „Verliebtsein", sondern die Entdeckung von etwas Tieferem: Du findest dich selbst in einer neuen Art und Weise wieder und beginnst zu begreifen, was es bedeutet, sich wirklich für einen anderen Menschen zu interessieren. Du kümmerst dich um seine oder ihre

Gefühle und möchtest Zeit mit dieser Person verbringen – nicht nur aus der Faszination oder dem Wunsch heraus, jemanden zu „haben", sondern weil du mit ihr oder ihm auf eine tiefere Weise verbunden bist.

Doch diese Form der Liebe kann genauso verwirrend sein wie aufregend. Du weißt nicht genau, wie du dich verhalten sollst, was du sagen oder tun musst. Die Unsicherheit, ob die andere Person die gleichen Gefühle für dich hat, kann dich genauso belasten wie die Frage, ob es überhaupt der richtige Zeitpunkt für eine Beziehung ist.

3. Herzklopfen und die Herausforderung der Kommunikation

Wenn du das erste Mal merkst, dass du für jemanden Gefühle entwickelst, dann stehst du vor einer ganzen Reihe neuer Herausforderungen. Wie gehst du mit deinen Gefühlen um, besonders wenn du nicht sicher bist, ob die andere Person die gleichen empfindet? Herzklopfen ist oft der Anfang, aber wie reagierst du, wenn es darauf ankommt, deine Gefühle zu zeigen?

Die Schwierigkeit besteht darin, dass die Kommunikation in der Pubertät nicht immer einfach ist. Du bist noch in der Phase, in der du selbst mit deinen eigenen Gefühlen experimentierst und versuchst, zu verstehen, was du willst. Gleichzeitig bist du mit einer

Vielzahl von neuen Eindrücken konfrontiert, die deine Wahrnehmung von Beziehungen, Intimität und Verlangen beeinflussen können. Gefühle, die du noch nie zuvor erlebt hast, tauchen auf – und sie können gleichzeitig wunderbar und beängstigend sein.

Es gibt keine einfache Antwort darauf, wie du mit diesen Gefühlen umgehen sollst. Jeder Mensch reagiert anders, und es gibt keinen festen Plan, wie du jemanden „erobern" kannst. Es geht nicht nur darum, das richtige Wort zu finden oder perfekt auszusehen – es geht darum, ehrlich zu sich selbst zu sein und zu verstehen, was du wirklich empfindest. Der Weg, sich selbst zu verstehen, ist in dieser Phase des Lebens von großer Bedeutung, um nicht nur die eigenen Gefühle zu erkennen, sondern auch um authentisch in zwischenmenschlichen Beziehungen zu sein.

4. Die Fallen von unklaren Gefühlen – Wie du Verwirrung und Enttäuschung vermeidest

Manchmal ist es schwierig, die eigenen Gefühle einzuordnen – vor allem, wenn du nicht genau weißt, was du von der anderen Person erwartest. Du fühlst dich zu jemandem hingezogen, aber es ist unklar, ob es wirklich Liebe ist oder vielleicht nur ein Verlangen nach Aufmerksamkeit und Bestätigung. In solchen Momenten ist es wichtig, ruhig zu bleiben und sich nicht von der Verwirrung überwältigen zu lassen. Es gibt eine Grenze zwischen einer gesunden Schwärmerei und einer Idee von Liebe, die eher auf Wunschdenken basiert.

Es ist auch entscheidend zu verstehen, dass nicht jede Person, für die du Gefühle entwickelst, automatisch die Richtige für dich ist. Nicht jeder Crush muss in eine romantische Beziehung führen, und nicht jeder, den du bewunderst, wird sich in der gleichen Weise zu dir hingezogen fühlen. Die Unsicherheit und Enttäuschung, die entstehen können, wenn diese Gefühle nicht erwidert werden, sind schmerzhaft, aber sie gehören genauso zu deinem Wachstum. Sie sind ein Zeichen dafür, dass du dich mit deinen eigenen Emotionen auseinandersetzt und dabei lernst, was du in einer Beziehung wirklich suchst.

5. Social Media, Perfektion und der Druck des Vergleichens

In der heutigen Zeit spielt Social Media eine immer größere Rolle in der Art und Weise, wie wir Liebe und Beziehungen wahrnehmen. Du siehst auf Instagram oder TikTok all diese perfekten Pärchen, die ihre Liebe auf der digitalen Bühne präsentieren. Und plötzlich fragst du dich, warum deine Gefühle nicht genauso „perfekt" sind, warum du nicht die perfekte Beziehung hast oder warum du dich in bestimmten Momenten nicht so glücklich fühlst, wie die Paare, die du online siehst.

Dieser Druck ist real und wird oft übersehen, aber er kann deine Wahrnehmung von Liebe und Beziehungen verzerren. Es ist wichtig zu verstehen, dass die meisten Beziehungen in sozialen Medien nicht die „wahre" Realität widerspiegeln. Was du siehst, ist oft nur eine Inszenierung. Beziehungen sind mehr als perfekte Fotos und liebe Worte, sie bestehen aus echten Momenten – manchmal auch aus Konflikten und Missverständnissen.

Lass dich nicht von der digitalen Perfektion täuschen und versuche, dich nicht ständig mit anderen zu vergleichen. Deine Gefühle und Erfahrungen sind einzigartig, und es gibt keinen universellen Weg, wie Liebe und Beziehungen aussehen sollten.

Fazit
Die Pubertät ist eine Zeit, in der du die erste echte Erfahrung von Liebe, Schwärmerei und emotionaler Bindung machst. Dein Herz schlägt Purzelbäume, und du beginnst, die Komplexität von Beziehungen zu erkennen. Aber gleichzeitig ist es eine Zeit des Experimentierens, der Verwirrung und manchmal auch der Enttäuschung. Es ist wichtig, auf deine eigenen Gefüh-

le zu hören, geduldig mit dir selbst zu sein und zu erkennen, dass es in Ordnung ist, nicht sofort alles zu verstehen. Liebe ist ein Prozess, der nicht immer glatt verläuft, aber der dir hilft, dich selbst besser kennenzulernen und zu verstehen, was du von anderen in deinem Leben erwartest.

Schule, Stress & Motivationstiefs – Wie du überlebst, wenn Mathe plötzlich keinen Sinn mehr ergibt

Kapitel 7:

Die Schule ist ein Ort, der im besten Fall nicht nur Wissen vermittelt, sondern auch zur persönlichen Entwicklung beiträgt. Doch leider kann die Schulzeit auch eine der stressigsten Phasen deines Lebens sein. Der Druck, gute Noten zu bekommen, den Erwartungen gerecht zu werden, den Lehrern und Mitschülern zu gefallen und nebenbei noch ein Leben außerhalb der Schule zu führen, kann erdrückend wirken. Die Pubertät trägt ihr Übriges bei, denn in dieser Zeit verändert sich nicht nur dein Körper, sondern auch deine gesamte Wahrnehmung von der Welt. Matheaufgaben erscheinen plötzlich wie unüberwindbare Hürden, die Motivation für das nächste Referat schwindet, und der Gedanke an Prüfungen lässt deinen Magen in einen Knoten verwandeln.

In diesem Kapitel werden wir uns mit den Herausforderungen beschäftigen, die die Schule mit sich bringt: Wie gehst du mit den täglichen Anforderungen um? Was tun, wenn die Motivation plötzlich auf der

Strecke bleibt und du das Gefühl hast, dass alles, was du tust, keinen Sinn mehr ergibt? Und wie schaffst du es, trotzdem irgendwie durchzuhalten, auch wenn der Stress überhandnimmt und das Gefühl der Überforderung droht?

1. Der Druck der Leistungsgesellschaft – Woher kommt der Stress?

Wenn du einmal den Fuß in die Tür der Pubertät setzt, verändert sich nicht nur dein Körper, sondern auch die Art und Weise, wie du die Welt um dich herum siehst. Die Schule wird plötzlich zu einer viel größeren Herausforderung als vorher. Nicht nur, weil sich der Stoff vertieft und die Aufgaben komplexer werden, sondern auch, weil der Druck zunimmt.

Eltern, Lehrer und Mitschüler setzen Erwartungen an dich – von guten Noten über erfolgreiche Präsentationen bis hin zu einer „vorbildlichen" Leistung in jedem Fach. Die Anforderungen, denen du dich stellen musst, können überwältigend wirken. Jeder Fehler scheint ein größeres Ding zu sein, und jede ungenügende Leistung wird sofort als Versagen wahrgenommen.

Dieser Leistungsdruck kann zu einer stressigen Atmosphäre führen, die du oft kaum noch kontrollieren kannst. Besonders in Zeiten von Prüfungen und Klausuren wird der Druck spürbar. Du fragst dich: „Warum sollte ich all das lernen? Warum der ganze Aufwand?" Die Frage nach dem Sinn hinter den täglichen Aufgaben kann dich in einen Motivationskollaps treiben, der oft nicht nur dein Selbstbewusstsein, sondern auch deine Lebensfreude beeinträchtigt.

2. Mathe – Wenn nichts mehr Sinn ergibt

Ein Thema, das für viele Schüler besonders herausfordernd ist, ist Mathe. Es gibt Phasen, in denen das Lernen von Formeln und das Lösen von Gleichungen einfach keinen Spaß machen – oder noch schlimmer, du hast das Gefühl, dass es keinen Sinn mehr ergibt. Du hast das Gefühl, dass du in einer Endlosschleife von Zahlen und Berechnungen gefangen bist, und der Stoff wird immer schwieriger.

Warum muss man das wissen? Wozu ist es gut, wenn du in deinem Alltag nie ein Integral berechnen wirst? Diese Fragen stellen sich vielen Schülern, die das Gefühl haben, dass die Schule und die darin vermittelten Inhalte sich zunehmend von der Realität entfernen. Die Verantwortung für das eigene Lernen wächst, und das führt nicht selten zu einer Blockade.

Aber wie überwindest du diesen Moment der Verwirrung? Wie kommst du wieder in den Flow und schaffst es, den Sinn hinter den Aufgaben zu erkennen, die dir jetzt so leer erscheinen? Zunächst einmal musst du verstehen, dass der Sinn von Mathe oft nicht direkt aus den Formeln zu erkennen ist. Vielmehr geht es darum, deine Fähigkeit zu entwickeln, Probleme zu lösen, zu analysieren und logisch zu denken. Diese Fähigkeiten sind in vielen Bereichen des Lebens von Bedeutung, auch wenn du das nicht sofort erkennst.

3. Motivationstiefs – Wenn der Antrieb weg ist

Es gibt Momente, in denen du das Gefühl hast, dass du einfach keine Energie mehr für die Schule hast. Der ganze Stress, der Druck und die scheinbar endlosen Aufgaben führen dazu, dass du die Lust verlierst. Du willst einfach nichts mehr tun, willst keine Bücher aufschlagen und keine Aufgaben mehr erledigen. Und plötzlich stehst du da, fühlst dich leer und überfordert und fragst dich, wie du überhaupt noch durch den Tag kommen sollst.

Diese Motivationstiefs sind normal und gehören zum Leben eines jeden Schülers. Doch wie gehst du damit um, wenn du das Gefühl hast, dass du die Kontrolle über deine Motivation verlierst? Es gibt mehrere Wege, um diesen Zustand zu überwinden:

1. **Akzeptiere deine Gefühle:** Du darfst dich überfordert fühlen, aber du solltest diese Gefühle nicht unterdrücken. Nimm dir Zeit, um durchzuatmen und dich zu entspannen. Es ist

okay, sich eine Pause zu gönnen, um die Batterien wieder aufzuladen.

2. **Setze dir kleine Ziele:** Wenn du vor einer riesigen Aufgabe stehst, kann es überwältigend wirken, den ganzen Berg an Arbeit zu sehen. Teile die Aufgaben in kleine, überschaubare Schritte auf. Dadurch wirst du nicht nur weniger gestresst, sondern kannst auch schon erste Erfolge verbuchen, was deine Motivation wieder anheizen kann.

3. **Finde deine persönliche Lernmethode:** Vielleicht hast du die klassische Lernweise bisher nicht gefunden, die für dich am besten funktioniert. Es gibt zahlreiche Lerntechniken wie Mindmaps, Karteikarten oder das Lernen in Gruppen. Experimentiere, um herauszufinden, was dir am meisten bringt.

4. **Belohne dich selbst:** Gib dir etwas, auf das du dich freuen kannst, wenn du eine Aufgabe erledigt hast. Das kann ein Spaziergang, ein Lieblingssnack oder eine Serie sein, die du magst. Kleine Belohnungen können dir helfen, deine Motivation zu steigern.

4. Der Überlebensmodus – Wie du trotzdem weiterkommst

In der Schule gibt es immer wieder Phasen, in denen du dich im „Überlebensmodus" befindest. Das bedeutet, du gehst von Tag zu Tag, schaffst das Nötigste und versuchst, dich irgendwie durchzuboxen, ohne völlig zusammenzubrechen. Dieser Zustand ist auf Dauer nicht gesund, aber er ist leider eine Realität, mit der viele Schüler konfrontiert sind.

Der Überlebensmodus kann dich in ein Hamsterrad versetzen, aus dem du nicht mehr herauskommst. Du gehst zur Schule, erledigst deine Aufgaben, aber der Spaß und die Freude am Lernen sind verschwunden. In diesen Momenten ist es wichtig, sich bewusst zu machen, dass dieser Zustand nur vorübergehend ist. Du musst nicht für immer in diesem Modus bleiben, und du solltest dich nicht selbst dafür verurteilen, wenn du dich erschöpft fühlst.

Eine wichtige Erkenntnis ist, dass du nicht perfekt sein musst. Es ist okay, Fehler zu machen. Es ist okay, nicht immer die besten Noten zu bekommen oder nicht immer alles sofort zu verstehen. Wichtig ist, dass du dranbleibst und die Einstellung behältst, dass du mit jedem Schritt auf deinem Lernweg wächst – auch wenn das mal langsam geht.

5. Wie du den Sinn hinter der Schule wiederfindest

Wenn du das Gefühl hast, dass alles keinen Sinn mehr macht und die Schule nur noch eine unverständliche Anhäufung von Aufgaben ist, solltest du einen Schritt zurücktreten und dir die Frage stellen, warum du überhaupt lernst. Schule ist nicht nur der Ort, an dem du Wissen „abspeicherst", sondern auch der Ort, an dem du lernst, wie du mit Herausforderungen umgehst, wie du Verantwortung für dein Leben übernimmst und wie du deine Fähigkeiten entwickelst.

Es ist wichtig, sich klarzumachen, dass der Schulstoff nicht immer unmittelbar erkennbar sein muss. Manchmal geht es nicht nur um das, was du heute lernst, sondern um das, was du in Zukunft damit anfangen kannst. Vielleicht brauchst du ein wenig Abstand und eine neue Perspektive, um den Wert dessen zu sehen, was du tust.

Denke daran, dass es in Ordnung ist, Phasen der Unzufriedenheit zu haben. Die Schule ist nicht nur eine Aneinanderreihung von Aufgaben, sondern auch ein wichtiger Teil des Prozesses, in dem du als Person wächst und dich entwickelst. Deine Erlebnisse in der Schule formen nicht nur deine berufliche Zukunft, sondern auch deine Fähigkeiten, mit stressigen Situationen umzugehen, Verantwortung zu übernehmen und auf deine Ziele hinzuarbeiten.

Fazit

Die Schule kann eine Herausforderung sein, insbesondere wenn der Druck steigt, die Aufgaben komplexer werden und die Motivation fehlt. Doch du bist nicht allein in dieser Erfahrung. Jeder hat mal das Gefühl, dass die Schule keinen Sinn mehr ergibt oder dass der Druck zu groß wird. Wichtig ist, dass du erkennst, dass diese Phasen vorübergehen und dass du Strategien findest, um damit umzugehen. Akzeptiere die schwierigen Momente, aber verliere nie aus den Augen, dass du in der Lage bist, zu wachsen, zu lernen und auch in den stressigsten Phasen weiterhin deine Ziele zu verfolgen.

Soziale Medien & Selbstdarstellung – Warum Likes nicht dein Leben bestimmen sollten

Kapitel 8:

Soziale Medien sind längst nicht mehr nur ein einfaches Mittel zur Kommunikation oder eine Plattform für das Teilen von Bildern und Gedanken. Sie haben sich zu einem tiefgreifenden Teil unseres Lebens entwickelt, beeinflussen unseren Alltag, unsere Beziehungen und sogar unser Selbstbild. Für viele Jugendliche sind sie ein fester Bestandteil ihrer Identität und ein ständiger Begleiter im Alltag. Doch mit der Allgegenwart von Plattformen wie Instagram, TikTok und Snapchat entsteht ein neuer Druck – der Druck, sich ständig selbst darzustellen und von anderen Anerkennung zu erhalten.

In diesem Kapitel wollen wir uns mit dem Einfluss von sozialen Medien auf unser Leben beschäftigen, insbesondere auf unser Selbstbewusstsein und unsere Wahrnehmung von uns selbst. Wir werfen einen Blick auf die verschiedenen Aspekte der Selbstdarstellung, den Wunsch nach Likes und Followern sowie die negativen Auswirkungen, die dieser Trend auf unser

Wohlbefinden haben kann. Denn trotz der scheinbar endlosen Flut von „Gefällt mir"-Angaben und positiven Kommentaren gibt es eine tiefere Wahrheit: Likes sollten nicht unser Leben bestimmen.

1. Die Illusion der perfekten Welt

Soziale Medien sind oft eine Plattform für das ideale, das perfekte Leben. Auf Instagram siehst du nur die besten Momente – die beeindruckendsten Reisen, das schönste Outfit, das leckerste Essen, das spannendste Abenteuer. Menschen teilen ihre Highlights, die besten Seiten ihres Lebens, die sie der Welt zeigen wollen. Doch was du selten siehst, sind die Schattenseiten – die Erschöpfung nach einem langen Tag, die Schwierigkeiten im Alltag, die schmerzhaften Momente des Zweifels.

Dieses ständige Streben nach Perfektion und der Drang, das beste Bild von sich selbst zu zeigen, schaffen eine verzerrte Realität. Du siehst nur die positiven Momente und fängst an, dein eigenes Leben mit den scheinbar perfekten Leben anderer zu vergleichen. Du beginnst, an dir selbst zu zweifeln, weil du dich mit der „Highlight-Reel" der anderen misst. Die Realität, in der du lebst, wird plötzlich unzureichend und weniger bedeutend im Vergleich zu den durchgestylten Bildern, die du täglich auf deinem Feed siehst. Der Eindruck, dass alle anderen das Leben führen, das du dir wünschst, verstärkt das Gefühl, dass du etwas verpasst und nicht genug bist.

Diese perfekte Welt hat jedoch nichts mit der tatsächlichen Realität zu tun. Es ist ein inszeniertes Bild, das oft nur die besten Seiten einer Person zeigt, aber nicht ihre Herausforderungen oder Unsicherheiten. Es ist eine selektive Darstellung des Lebens, die der Vorstellung entspricht, die du von dir und anderen haben sollst.

2. Die Jagd nach Likes – warum du es dir wert bist, ohne Bestätigung zu leben

Likes sind zu einer der wichtigsten Währungen in sozialen Medien geworden. Jeder „Gefällt mir"-Button scheint dir zu sagen, dass du gemocht wirst, dass du interessant bist, dass du etwas tust, was gesehen und anerkannt wird. Doch was passiert, wenn diese Likes ausbleiben oder weniger werden? Viele Menschen erleben plötzlich eine starke Entwertung ihres Selbstwerts. Wenn die Likes nicht den Erwartungen entsprechen, kommt es zur Enttäuschung und oft auch zu einem Gefühl der Ablehnung.

Du hast das Gefühl, das deine Posts nicht gut genug sind, weil die Zahl der Likes im Vergleich zu anderen Posts niedrig ausfällt. Du überlegst, warum du nicht die gleiche Anerkennung bekommst wie andere und beginnst, dich selbst infrage zu stellen. Diese Abhängigkeit von sozialer Bestätigung durch Likes kann zu einer gefährlichen Abwärtsspirale führen, in der du dein eigenes Wertgefühl nur noch in den Händen der sozialen Medien und ihrer Nutzer siehst.

Doch diese Bestätigung von außen ist nicht nachhaltig. Likes sind flüchtig – sie kommen und gehen, oft, ohne dass du wirklich etwas über den Wert dessen weißt, was du gerade geteilt hast. Ein Bild, das heute viele Likes bekommt, kann morgen in der Bedeutungslosigkeit verschwinden. Es ist wichtig, sich bewusst zu machen, dass wahre Anerkennung und Bestätigung von innen kommen sollten, nicht von außen. Du bist mehr als die Anzahl der Likes, die du erhältst, und deine Bedeutung im Leben sollte nicht daran gemessen werden, wie viele Menschen auf ein Bild klicken.

3. Die Auswirkungen auf das Selbstwertgefühl und die mentale Gesundheit

Der ständige Vergleich mit anderen auf sozialen Medien kann ernsthafte Auswirkungen auf dein Selbstwertgefühl haben. Du siehst Menschen, die vielleicht mehr Follower haben, bessere Bilder posten oder mehr Anerkennung erhalten – und das lässt dich möglicherweise an dir selbst zweifeln. Du fragst dich: „Warum habe ich nicht die gleiche Aufmerksamkeit?" Dieser Vergleich, der auf der Grundlage von Oberflächlichkeiten stattfindet, kann zu einem ständigen Gefühl der Unzulänglichkeit führen.

Viele Studien zeigen, dass eine ständige Nutzung von sozialen Medien das Selbstbewusstsein negativ beeinflussen kann. Gerade in der Jugendphase, wenn du noch dabei bist, dein Selbstbild zu entwickeln, kann der ständige Vergleich zu einer verzerrten Wahrnehmung führen. Du beginnst, dich selbst nur noch nach äußeren Kriterien zu bewerten, statt nach dem, was du wirklich bist.

Dieser Druck kann zu verschiedenen psychischen Problemen führen, von Angstzuständen bis hin zu Depressionen. Wenn du merkst, dass du dich in diesem Teufelskreis von Selbstzweifeln und Abhängigkeit von sozialer Bestätigung befindest, ist es wichtig, innezuhalten und dir zu überlegen, wie du dich selbst wahrnehmen möchtest, unabhängig von dem, was die Welt online über dich denkt.

4. Follower und ihre Illusionen – warum Zahlenspiele uns nicht weiterbringen

Ein weiterer Aspekt von sozialen Medien ist die Jagd nach Followern. Viele Menschen definieren ihren Wert online durch die Anzahl der Follower, die sie haben. Doch diese Zahlensucht ist eine Illusion. Ein hoher Followerstand bedeutet nicht automatisch, dass du ein erfülltes Leben führst oder von anderen respektiert wirst. Es bedeutet nur, dass du eine größere Reichweite hast, was aber nicht gleichbedeutend mit echter Anerkennung oder wahrer Freundschaft ist.

Follower sind keine echten Freunde. Sie sind Menschen, die dein Leben beobachten, aber oft nicht wirklich Teil davon sind. Es ist verlockend, sich von der Zahl der Follower blenden zu lassen, aber es ist entscheidend zu verstehen, dass die Qualität deiner Beziehungen viel wichtiger ist als die Menge der Menschen, die dir folgen. Echte Freundschaft, wahre Unterstützung und Vertrauen kannst du nicht durch eine hohe Zahl an Followern ersetzen.

Viele Influencer und bekannte Persönlichkeiten leben in einer Welt, in der sie ständig die Erwartungen ihrer Follower erfüllen müssen. Diese ständige Erwartungshaltung kann sehr belastend sein. Du wirst beurteilt, nicht nach deinem wahren Selbst, sondern nach dem Bild, das du von dir selbst projizierst. Dieses Bild ist jedoch oft nicht real, sondern nur eine Inszenierung. Die Menschen sehen das, was du zeigst, nicht das, was du wirklich bist. Und genau hier liegt das Problem: Wenn du ständig versuchst, das Bild von dir selbst zu optimieren, verlierst du irgendwann den Kontakt zu deinem wahren Ich.

5. Warum Authentizität wichtiger ist als Perfektion

In der Welt der sozialen Medien ist es schwer, authentisch zu bleiben. Die ständige Versuchung, sich besser darzustellen, als man ist, um mehr Anerkennung zu erhalten, ist groß. Doch wahre Stärke liegt nicht in der Perfektion, sondern in der Authentizität. Menschen fühlen sich mit dir verbunden, wenn du ehrlich bist, wenn du dich zeigst, wie du wirklich bist, und wenn du deine Schwächen genauso akzeptierst wie deine Stärken.

Authentizität bedeutet nicht, dass du dich ständig zeigen musst, wie du bist, ohne Rücksicht auf deine Privatsphäre. Es bedeutet vielmehr, dass du dich selbst treu bleibst und dich nicht von der äußeren Bestätigung beeinflussen lässt. Die wahre Verbindung zu anderen Menschen entsteht nicht durch die Darstellung eines idealisierten ichs, sondern durch die Akzeptanz und den Respekt des wahren Selbst.

Wenn du aufhörst, dich konstant mit den Scheinwelten anderer zu vergleichen und beginnst, deine eigene Reise zu schätzen, wirst du feststellen, dass du mehr Freude daran hast, du selbst zu sein, ohne dich für die Welt in eine Rolle zu zwängen.

6. Soziale Medien und der Verlust des echten Lebens

Der Fokus auf Likes, Follower und die digitale Welt hat auch eine dunkle Seite: die Gefahr, das echte Leben aus den Augen zu verlieren. Statt im Moment zu leben, Menschen wirklich zuzuhören oder neue Erfahrungen zu sammeln, sind viele von uns ständig damit beschäftigt, die perfekte Darstellung von sich selbst zu finden.

Es ist wichtig zu erkennen, dass das wahre Leben außerhalb der sozialen Medien stattfindet. Es sind die Gespräche mit Freunden, die spontanen Abenteuer, das Lachen ohne Filter, die Momente der Stille, die du für dich selbst nutzt. Diese Momente kannst du nicht in Posts und Storys fassen, und genau das ist es, was sie so wertvoll macht. Die Welt außerhalb der sozialen Medien bietet dir die Möglichkeit, zu wachsen, zu lernen und echte Verbindungen zu Menschen aufzubauen, die dich so lieben, wie du bist – ohne dass du dich ständig beweisen musst.

Fazit: Du bist mehr als dein Feed

Soziale Medien sind nicht mehr nur eine Plattform für Unterhaltung, sie sind ein Spiegelbild unserer Gesellschaft geworden, in der Anerkennung und Selbstbestätigung oft auf einer oberflächlichen Ebene stattfinden. Doch es ist wichtig zu verstehen, dass Likes und Follower nicht deinen Wert bestimmen. Deine wahre Bedeutung liegt nicht in der Anzahl der „Gefällt mir"-Angaben, sondern in dem, wer du als Mensch bist – in deiner Authentizität, deinen Werten und deinem inneren Wachstum.

Wenn du dich von der Jagd nach Likes befreist und anfängst, dich selbst ohne die Bestätigung von außen zu schätzen, wirst du feststellen, dass du freier und zufriedener wirst. Du bist mehr als dein Instagram-Feed und mehr als die Zahl der Follower, die dir folgen. Du bist einzigartig, und genau das macht dich wertvoll. Lass nicht zu, dass soziale Medien bestimmen, wie du dich fühlst – übernimm die Kontrolle und definiere deinen Wert selbst.

Peinliche Momente und wie man sie überlebt – Weil jeder mal stolpert – und das völlig okay ist

Kapitel 9:

Jeder kennt sie. Diese Momente, in denen man wünscht, man könnte einfach im Boden versinken oder die Zeit zurückdrehen. Vielleicht hast du etwas Ungeschicktes gesagt, bist in der Öffentlichkeit gestolpert oder hast in einem wichtigen Moment die falsche Entscheidung getroffen. Es fühlt sich an, als würde die ganze Welt auf dich starren, während du hoffst, dass sich der Boden unter deinen Füßen auftut und dich verschluckt. Doch während diese Momente anfangs wie die schlimmsten Katastrophen des Lebens erscheinen, sind sie tatsächlich völlig normal und gehören zum Leben dazu. In diesem Kapitel wollen wir uns mit peinlichen Momenten beschäftigen, warum sie so häufig vorkommen, wie du mit ihnen umgehen kannst und vor allem, wie du dich von ihnen erholst.

1. Warum peinliche Momente uns so stark treffen

Peinliche Momente sind ein unvermeidlicher Teil des Lebens, und jeder hat sie. Doch warum fühlen sie sich oft so intensiv an? Ein Grund liegt in unserer sozialen Natur. Wir sind darauf programmiert, uns mit anderen zu verbinden und Teil einer Gemeinschaft zu sein. Wenn wir Fehler machen oder in der Öffentlichkeit etwas tun, das uns unangenehm ist, wird unser Bedürfnis nach sozialer Anerkennung in Frage gestellt. Unsere Angst, von anderen abgelehnt oder negativ beurteilt zu werden, kommt zum Vorschein.

In solchen Momenten sind wir oft zu hart zu uns selbst. Wir denken, dass alle Augen auf uns gerichtet sind und jeder Einzelne die Situation genauso intensiv wahrnimmt wie wir. Doch die Realität ist eine andere: Die meisten Menschen sind so mit sich selbst beschäftigt, dass sie unsere kleinen Missgeschicke kaum bemerken. Der Gedanke, dass jeder unseren Fehler mit gleicher Intensität betrachtet wie wir, ist größtenteils übertrieben. Tatsächlich sind wir in den meisten Fällen die Einzigen, die sich wirklich darüber aufregen.

Es ist wichtig zu erkennen, dass das, was uns in einem peinlichen Moment so stark belastet, oft unsere eigenen Überzeugungen und Ängste sind, die sich verstärken. Wir sorgen uns um das Urteil anderer, obwohl die Realität viel weniger dramatisch ist, als wir es uns vorstellen.

2. Jeder stolpert mal – und das ist völlig okay

Peinliche Momente sind nichts, wofür man sich schämen muss. Sie sind eine natürliche Folge unserer Menschlichkeit und ein Beweis dafür, dass wir leben, uns entwickeln und Erfahrungen sammeln. Niemand ist perfekt. Jeder hat schon mal etwas gesagt, was er später bereut, oder ist in einer öffentlichen Situation peinlich aufgefallen. Das gehört einfach dazu. Und das Wichtigste ist: Es passiert jedem.

In vielen Fällen werden wir von anderen nicht für unsere Fehler verurteilt – im Gegenteil, die meisten Menschen können sich gut mit uns identifizieren. Wir alle haben mal stolpern müssen, uns die Zunge verbrannt oder uns in einer schwierigen Situation verheddert. Diese Fehler machen uns menschlich. Und der Umgang mit ihnen kann uns sogar stärken.

Denke daran: Du bist nicht allein in deinen peinlichen Momenten. Jeder hat seine eigenen Missgeschicke und Herausforderungen, die ihn an seine Grenzen bringen. Diese Fehler definieren uns nicht – sie sind lediglich kleine Stolpersteine auf dem Weg, die uns helfen, zu lernen und zu wachsen.

3. Lachen statt sich verstecken

Ein hilfreicher Ansatz im Umgang mit peinlichen Momenten ist es, über sich selbst zu lachen. Wenn du in einer unangenehmen Situation bist, nimm sie mit Humor. Lachen ist eine mächtige Waffe gegen das Gefühl der Verlegenheit und kann sofort die Spannung

lösen. Statt dich zu verstecken oder dich in einer Peinlichkeit zu verkriechen, kannst du die Situation auflo-
ckern, indem du offen darüber sprichst und über dich
selbst lachst.

Zum Beispiel, wenn du in der Schule versehentlich
den Namen deines Lehrers vergisst oder einen Witz
machst, der nicht richtig ankommt, anstatt dich zu verstecken, kannst du einfach sagen: „Ups, das war wohl
nicht mein bester Moment!", und weiter machen.
Meistens wird das Lächeln oder das Lachen der anderen dir helfen, die Situation zu entspannen.

Durch Humor kannst du auch deine Mitmenschen
einbeziehen und ihnen zeigen, dass du die Situation
mit Leichtigkeit nimmst. Indem du das Ganze selbst-
ironisch siehst, stärkst du dein Selbstbewusstsein und
signalisierst anderen, dass du dich nicht zu sehr von
kleinen Fehlern entmutigen lässt.

4. Die Bedeutung der Selbstakzeptanz

Peinliche Momente sind nicht nur das, was passiert
– sie sind auch eine Gelegenheit, zu lernen, uns selbst
zu akzeptieren. Oftmals führen diese Situationen zu
einem inneren Konflikt, in dem wir uns selbst stark
kritisieren und uns verurteilen. Aber der Schlüssel, um
diese Momente zu überstehen, liegt in der Selbstakzeptanz. Es geht darum, sich selbst zu verzeihen, die Situ-

ation zu verstehen und zu akzeptieren, dass niemand perfekt ist.

Wenn du in einem peinlichen Moment steckst, versuche, dir selbst gegenüber nachsichtig zu sein. Erkenne an, dass du ein Mensch bist, der Fehler macht, und diese Fehler dich nicht definieren. Jeder hat sie, und das gehört zum Leben dazu. Statt in Selbstkritik zu versinken, kannst du dich darauf konzentrieren, was du aus der Situation lernen kannst und wie du dich künftig besser fühlst, ohne von einem einmaligen Fehler zurückgehalten zu werden.

Selbstakzeptanz bedeutet nicht, Fehler zu ignorieren oder sie als Entschuldigung für weiteres Fehlverhalten zu verwenden. Vielmehr geht es darum, freundlich mit sich selbst umzugehen, die Dinge in Perspektive zu setzen und die Erfahrungen als Teil des Wachstumsprozesses zu sehen. Die Fähigkeit, dich selbst zu akzeptieren, wird dir helfen, in peinlichen Momenten ruhig zu bleiben und dich schnell wieder zu erholen.

5. Den Fokus auf das Positive lenken

Ein weiterer Weg, um peinliche Momente zu überwinden, besteht darin, den Fokus von der unangenehmen Situation abzuwenden und ihn auf das Positive zu lenken. Vielleicht war der Moment peinlich, aber er hat dich auch etwas gelehrt. Vielleicht hast du gelernt, wie du mit Stress besser umgehst oder wie du dich in unangenehmen Momenten selbst beruhigen kannst.

Indem du den Fokus auf die positiven Aspekte der Erfahrung legst, ermöglichst du dir selbst, die Situation als eine Gelegenheit zur Verbesserung zu betrachten. Es hilft, sich daran zu erinnern, dass Fehler nicht das Ende der Welt sind, sondern oft die besten Lehrer im Leben. Auch wenn es sich unangenehm anfühlt, wird dieser Moment nur dann wirklich negativ, wenn du dich darin verkriechst. Stattdessen kannst du dich auf das konzentrieren, was du aus der Situation gelernt hast und wie du beim nächsten Mal anders handeln könntest.

6. Der Umgang mit anderen: Was tun, wenn du in der Öffentlichkeit stolperst?

Peinliche Momente in der Öffentlichkeit können besonders unangenehm sein. Vielleicht hast du in einer Besprechung etwas Falsches gesagt oder bist auf einer Party ins Stolpern geraten und hast dich blamiert. Der erste Schritt, um mit solchen Situationen umzugehen, ist, Ruhe zu bewahren. Natürlich wirst du dich für einen Moment unwohl fühlen, aber es ist wichtig, nicht in Panik zu geraten.

Vermeide es, die Situation noch schlimmer zu machen, indem du dich zu sehr entschuldigst oder dich in einer Entschuldigung verstrickst. Ein einfaches „Ups, das war peinlich!" und ein Lächeln können Wunder wirken. Die meisten Menschen werden schnell merken, dass es kein großes Drama ist und du dich selbst nicht zu ernst nimmst. So wirst du in den meisten Fällen von den anderen nicht weiter beurteilt, sondern eher in Ruhe gelassen. Je mehr du dich von der Situation befreist, desto schneller wirst du feststellen, dass der Moment längst vergangen ist und nicht mehr im Mittelpunkt steht.

7. Die Perspektive ändern: Was kannst du aus einem peinlichen Moment lernen?

Eine der effektivsten Methoden, um mit peinlichen Momenten umzugehen, ist, sie als Lerngelegenheit zu betrachten. Anstatt dich in der Situation zu verlieren, kannst du reflektieren, was du daraus mitnehmen kannst. Vielleicht hast du dich ungeschickt verhalten, aber vielleicht gibt es auch etwas, das du beim nächsten Mal anders machen kannst. Jede peinliche Situation ist eine Chance, zu wachsen und dich weiterzuentwickeln.

Außerdem kann es hilfreich sein, sich daran zu erinnern, dass du nicht allein bist. Jeder hat peinliche Momente, und oft entstehen daraus die lustigsten und einprägsamsten Geschichten. Sie machen dich authentisch und menschlich. Du wirst feststellen, dass es dir leichter fällt, in ähnlichen Situationen mit Gelassenheit zu reagieren, wenn du das nächste Mal stolperst – und du wirst wahrscheinlich auch über die Peinlichkeit lachen, die du heute noch als unangenehm empfindest.

Fazit: Peinliche Momente sind nicht das Ende der Welt

Peinliche Momente gehören zu einem erfüllten Leben dazu. Sie sind keine Katastrophen, sondern kleine Pannen auf dem Weg, die uns menschlicher machen. Wenn du lernst, mit ihnen umzugehen, sie zu akzeptieren und dir selbst zu vergeben, wirst du feststellen, dass sie viel weniger dramatisch sind, als sie anfangs erscheinen. Jeder hat mal einen Fehltritt, aber das ist keine Schwäche, sondern eine Chance, zu wachsen und sich selbst zu verbessern. Lachen, Selbstakzeptanz und der Fokus auf das Positive helfen dir dabei, peinliche Momente mit Leichtigkeit zu überstehen. Und am Ende ist das Wichtigste: Du bist viel mehr als deine peinlichsten Erlebnisse.

Pubertät & Familie: Wenn es nur noch kracht – Warum Streits dazugehören und wie man sie entschärft

Kapitel 10:

Die Pubertät ist für viele eine der aufregendsten, aber auch herausforderndsten Phasen im Leben. Es ist eine Zeit des Wandels, der Selbstfindung und der Entwicklung – und leider auch eine Zeit, in der die Beziehung zu den Eltern häufig auf die Probe gestellt wird. Die Herausforderungen dieser Lebensphase können zu Auseinandersetzungen führen, die nicht nur emotional, sondern auch ziemlich intensiv sein können. In diesem Kapitel werden wir uns mit den Ursachen von Konflikten zwischen Jugendlichen und ihren Eltern beschäftigen, warum solche Streitereien eigentlich völlig normal sind und wie man lernt, sie zu entschärfen, ohne dass sie zu lang anhaltenden Rissen in der Beziehung führen.

1. Die Pubertät als Katalysator für Konflikte

Die Pubertät ist eine Zeit des Umbruchs – sowohl körperlich als auch emotional. Dein Körper verändert sich, deine Wahrnehmung von dir selbst und von der Welt wird komplexer, und du beginnst, dich von deinen Eltern zu lösen, um deinen eigenen Platz in der

Gesellschaft zu finden. Diese Entwicklung ist völlig natürlich und notwendig, aber sie führt oft zu Spannungen, da du beginnst, mehr Unabhängigkeit zu fordern und eigene Entscheidungen zu treffen.

Auf der anderen Seite erleben Eltern ebenfalls einen Wandel. Sie sehen ihre Kinder nicht mehr als kleine, abhängige Wesen, sondern als junge Erwachsene, die ihre eigenen Vorstellungen und Wünsche haben. Das kann für Eltern eine schwierige Situation sein, weil sie einerseits ihre Kinder loslassen müssen, aber andererseits ihre Rolle als Erzieher und Beschützer weiterhin wahrnehmen wollen. Diese unterschiedlichen Perspektiven und Bedürfnisse können Konflikte verursachen.

Ein typischer Streit zwischen Teenagern und Eltern entsteht oft, weil der Jugendliche auf der Suche nach Freiheit ist und die Eltern diese Freiheit als Bedrohung für die Sicherheit und die Werte des Familienlebens sehen. Die Eltern sind in dieser Zeit eher geneigt, zu kontrollieren, während der Teenager diese Kontrolle ablehnt. Die Pubertät ist schlichtweg eine Übergangsphase, in der es zu Missverständnissen kommt – und das ist vollkommen normal.

2. Der Drang nach Unabhängigkeit und wie er Konflikte schürt

Einer der größten Auslöser für Konflikte in der Pubertät ist der zunehmende Wunsch nach Unabhängigkeit. Du beginnst, deine eigene Identität zu entwickeln und möchtest nicht mehr alles tun, was dir von deinen Eltern vorgegeben wird. Du willst selbst entscheiden, was du tust, wie du dein Leben führst und was du für richtig hältst. Dieser Drang, eigenständig zu sein, kann jedoch in direktem Gegensatz zu den Vorstellungen und Werten deiner Eltern stehen.

Ein Beispiel: Du möchtest mit deinen Freunden bis spät in die Nacht draußen sein, während deine Eltern Bedenken haben und dir eine spätere Rückkehrzeit vorschreiben. Dies kann zu einem Streit führen, weil du das Gefühl hast, dass deine Freiheit eingeschränkt wird, während deine Eltern glauben, dass sie deine Sicherheit im Blick haben müssen. In solchen Situationen ist es wichtig, dass beide Seiten versuchen, den Standpunkt des anderen zu verstehen. Eltern sollten sich daran erinnern, dass ihre Kinder sich nicht gegen sie stellen, sondern einfach mehr Verantwortung für ihr eigenes Leben übernehmen wollen. Jugendliche wiederum sollten die Sorgen ihrer Eltern nicht als persönliche Angriffe ansehen, sondern als Ausdruck von Fürsorge.

Der Konflikt entsteht also nicht zwangsläufig aus dem Wunsch, sich von den Eltern abzukapseln, sondern aus dem Versuch, Balance zu finden: einerseits der Drang nach Selbstständigkeit, andererseits das Bedürfnis der Eltern, weiterhin Einfluss auf das Leben ihrer Kinder zu nehmen.

3. Der Faktor Kommunikation: Warum Worte oft wie Waffen wirken

Ein weiterer Grund, warum es in der Pubertät häufig zu Streits kommt, ist die Veränderung in der Kommunikation zwischen Eltern und Kindern. In der Kindheit war es vielleicht noch einfach, zu reden und gehört zu werden, aber mit dem Eintritt in die Pubertät ändert sich die Art und Weise, wie du und deine Eltern miteinander sprechen.

Du beginnst, komplexere Gedanken und Gefühle zu entwickeln und möchtest diese ausdrücken. Allerdings fehlt oft das Verständnis oder die Bereitschaft auf beiden Seiten, wirklich zuzuhören. Eltern neigen dazu, ihre eigene Perspektive als die richtige zu betrachten und versuchen, dir ihre Meinung aufzuzwingen. Du wiederum bist in einem Alter, in dem du dich nicht mehr einfach anpassen willst und stattdessen versuchst, deine eigene Meinung durchzusetzen. Dies kann leicht zu einem verbalen Schlagabtausch führen, bei dem beide Seiten das Gefühl haben, nicht gehört zu werden.

Oft sind es auch kleine Missverständnisse, die den Konflikt eskalieren lassen. Du sagst etwas, was du nicht wirklich so gemeint hast, aber deine Eltern interpretieren es auf eine Weise, die sie verletzt. Oder umgekehrt, deine Eltern sagen etwas, das du als ungerecht empfindest, was zu einem Streit führt. In solchen Momenten kann es helfen, sich bewusst Zeit zu nehmen, um in Ruhe miteinander zu reden und zu versuchen, die Perspektive des anderen zu verstehen, bevor man zu schnell urteilt oder reagiert.

4. Der Einfluss von Hormonen und Emotionen

Während der Pubertät wird das emotionale Gleichgewicht von Hormonen beeinflusst. Dies kann dazu führen, dass du dich intensiver oder impulsiver fühlst als sonst. Deine Stimmung kann sich ohne Vorwarnung ändern, und du reagierst vielleicht stärker auf Dinge, die dich früher nicht so sehr berührt hätten. Diese emotionalen Schwankungen können dazu führen, dass Konflikte schneller entstehen und intensiver erlebt werden.

Auf der anderen Seite haben auch deine Eltern mit ihren eigenen Emotionen und Herausforderungen zu kämpfen. Sie erleben möglicherweise eine Mischung aus Sorge und Enttäuschung, wenn sie sehen, wie du dich veränderst und mit neuen, riskanteren Verhaltensweisen konfrontiert wirst. Ihre Reaktionen können ebenfalls von ihren eigenen Ängsten und Unsicherheiten geprägt sein. Daher entstehen viele Konflikte nicht aus böser Absicht, sondern aus übersteigerten emotionalen Reaktionen.

Die Herausforderung besteht darin, inmitten all dieser Emotionen die Ruhe zu bewahren und zu lernen, wie man Konflikte auf eine gesunde Weise löst. Dabei kann es helfen, sich daran zu erinnern, dass niemand perfekt ist und auch Fehler in der Kommunikation und im Umgang miteinander passieren können.

5. Wie man Konflikte entschärft: Strategien für den Umgang mit Streit

Es gibt eine Reihe von Strategien, die dir helfen können, Konflikte mit deinen Eltern zu entschärfen und zu verhindern, dass sie außer Kontrolle geraten:

1. Aktiv zuhören: Wenn du mit deinen Eltern sprichst, versuche, aktiv zuzuhören und ihre Perspektive wirklich zu verstehen. Zeige Interesse an dem, was sie sagen, und versuche, dich in ihre Lage zu versetzen. Wenn du das Gefühl hast, dass du gehört wirst, bist du eher bereit, auch auf ihre Bedenken einzugehen.

2. Respekt und Geduld: Konflikte entstehen oft aus mangelndem Respekt und Geduld. Wenn du merkst, dass du in einem Streit die Kontrolle verlierst, nimm dir einen Moment, um durchzuatmen. Es hilft, respektvoll miteinander zu sprechen, ohne sich gegenseitig Vorwürfe zu machen.

3. Kompromisse eingehen: In vielen Fällen liegt die Lösung eines Streits nicht in einem „Entweder-oder", sondern in einem Kompromiss. Überlege, ob es einen Mittelweg gibt, der für beide Seiten akzeptabel ist. Vielleicht kannst du deinen Eltern entgegenkommen, indem du gewisse Regeln einhältst, während du gleichzeitig etwas mehr Freiheit gewinnst.

4. Konflikte ansprechen, wenn die Stimmung passt: Vermeide es, Konflikte in der Hitze des Gefechts zu lösen. Wenn die Emotionen hochkochen, ist es oft schwierig, eine rationale Lösung zu finden. Warte, bis die Stimmung etwas ruhiger ist, bevor du das Gespräch suchst.

5. Eigenverantwortung übernehmen: Zeige deinen Eltern, dass du bereit bist, Verantwortung zu übernehmen. Wenn du einen Fehler gemacht hast, ist es wichtig, dass du dazu stehst und dich entschuldigst. Dies wird den Konflikt nicht nur entschärfen, sondern dir auch helfen, Vertrauen zu gewinnen.

6. Fazit: Konflikte als Teil des Prozesses

Konflikte mit deinen Eltern während der Pubertät sind völlig normal und gehören zum Prozess des Erwachsenwerdens dazu. Sie entstehen aus unterschiedlichen Perspektiven, der Suche nach Unabhängigkeit und den emotionalen Veränderungen, die diese Lebensphase mit sich bringt. Wichtig ist, dass du lernst, wie du mit Konflikten auf gesunde Weise umgehst, sie entschärfst und sie als Chance für Wachstum und Entwicklung siehst – sowohl für dich als auch für deine Eltern. In den meisten Fällen wird der Streit in ein paar Tagen vergessen sein, aber die Lektionen, die du aus dieser Zeit lernst, werden dir helfen, deine Beziehungen zu stärken und ein besseres Verständnis für dich selbst und deine Familie zu entwickeln.

Grenzen setzen & Nein sagen lernen – Selbstbewusst bleiben, auch wenn andere dich überreden wollen

Kapitel 10:

Das Leben als Teenager ist eine aufregende Reise voller Herausforderungen, insbesondere wenn es darum geht, die eigene Identität zu finden und sich gegen den Druck von außen zu behaupten. In dieser Phase des Lebens beginnst du, dich von deinen Eltern und der Kindheit zu lösen, während du gleichzeitig versuchst, in einer immer komplexer werdenden Welt deinen Platz zu finden. Du bist auf der Suche nach deinem wahren Selbst und versuchst, dich in einem Meer von Erwartungen und sozialen Normen zurechtzufinden. Das kann besonders schwierig werden, wenn du mit Freunden, Familie oder sogar Fremden in Situationen gerätst, in denen du dich überreden lassen sollst, Dinge zu tun, die du eigentlich nicht willst. Diese Situationen sind nicht nur unangenehm, sondern sie fordern dich auch dazu heraus, ein starkes Selbstbewusstsein zu entwickeln und deine eigenen Grenzen zu respektieren.

Eines der wichtigsten Werkzeuge, die du in dieser Zeit lernen kannst, ist das „Nein" sagen. Aber warum fällt es uns oft so schwer, „Nein" zu sagen? Und warum ist es so wichtig, Grenzen zu setzen, um ein gesundes, selbstbewusstes Leben zu führen? In diesem Kapitel werden wir tief in diese Themen eintauchen und dir nicht nur die psychologischen Aspekte des „Nein" Sagens näherbringen, sondern auch praktische Tipps, wie du in herausfordernden Situationen stark bleibst und für dich selbst einstehst.

1. Warum fällt es so schwer, „Nein" zu sagen?

Wenn du ein Teenager bist, befindest du dich in einer Phase des Lebens, in der die Erwartungen und der Druck von außen besonders stark sind. Freundschaften, Familie und die Gesellschaft im Allgemeinen haben immer größere Auswirkungen auf dein Verhalten und deine Entscheidungen. Das bedeutet auch, dass du oft in Situationen kommst, in denen du dich mit der Frage konfrontiert siehst: „Mache ich das, um anderen zu gefallen, oder mache ich es, weil ich wirklich will?" Das kann eine der größten Herausforderungen im Teenageralter sein – zu lernen, wann du dich durchsetzen und wann du dich anpassen solltest.

Es gibt viele Gründe, warum es so schwierig ist, „Nein" zu sagen, und diese Gründe sind oft tief in unserer Psychologie verwurzelt. Hier sind einige der häufigsten:

a) Angst vor Ablehnung: Ein häufiger Grund, warum viele Menschen – besonders Jugendliche – Schwierigkeiten haben, „Nein" zu sagen, ist die Angst vor Ablehnung. Der Wunsch, in der Gruppe dazuzugehören, ist besonders während der Pubertät stark ausgeprägt. Teenager wollen nicht als Außenseiter gelten oder von ihren Freunden abgelehnt werden. Diese Angst vor Ablehnung kann dazu führen, dass man Entscheidungen trifft, die nicht mit den eigenen Werten oder Bedürfnissen übereinstimmen, nur um akzeptiert zu werden.

b) Schuldgefühle: Wenn du „Nein" sagst, hast du das Gefühl, jemand anderem zu schaden oder ihn zu enttäuschen. Besonders wenn es um enge Freundschaften oder Familienangehörige geht, entstehen oft Schuldgefühle. Du denkst, dass du durch deine Ablehnung den anderen verletzt oder ihm Unannehmlichkeiten bereitet hast. Doch es ist wichtig, sich daran zu erinnern, dass du nicht immer die Erwartungen anderer erfüllen musst, um eine gute Person zu sein.

c) Gruppenzwang: Besonders in der Schule oder in sozialen Medien ist der Gruppenzwang eine ständige Herausforderung. Freunde oder Mitschüler fordern dich zu bestimmten Handlungen auf, die du vielleicht nicht möchtest – sei es, um an einer riskanten Herausforderung teilzunehmen oder sich ungesunden Verhaltensweisen anzupassen. Der Druck, mitzumachen, ist oft überwältigend, besonders wenn du das Gefühl hast, dass du sonst nicht dazugehörst. Doch dieser Gruppenzwang kann dich in Situationen bringen, die dir langfristig schaden.

d) Fehlende Übung: Das Setzen von Grenzen und das Lernen, „Nein" zu sagen, ist keine Fähigkeit, die man von Geburt an beherrscht. Es erfordert Übung und Erfahrung. Besonders wenn du es gewohnt bist, anderen zu gefallen oder immer die Erwartungen zu erfüllen, kann es eine Weile dauern, bis du dich traust, für dich selbst einzutreten. Das bedeutet nicht, dass du es nicht lernen kannst, es bedeutet nur, dass es eine Fähigkeit ist, die Zeit und Selbstreflexion benötigt, um sich zu entwickeln.

2. Warum ist es so wichtig, Grenzen zu setzen?

Grenzen sind ein wesentlicher Bestandteil eines gesunden Lebens. Sie helfen dir nicht nur, dich vor ungesunden oder gefährlichen Situationen zu schützen, sondern sie stärken auch dein Selbstbewusstsein und deinen Selbstwert. Wenn du keine klaren Grenzen setzt, läufst du Gefahr, in eine passive Rolle zu verfallen, in der du nur noch das tust, was andere von dir verlangen – und das kann langfristig zu Gefühlen der Erschöpfung, Frustration und Selbstzweifel führen.

a) Schutz vor Überforderung: Grenzen zu setzen bedeutet, dass du deine eigenen Bedürfnisse und Wünsche anerkennst. In einer Welt, die ständig nach mehr verlangt – sei es in Form von sozialen Verpflichtungen, schulischen Anforderungen oder sogar von Familienerwartungen – kannst du leicht das Gefühl bekommen, dass du allen gefallen musst. Doch wenn du keine Grenzen setzt, wirst du schnell überfordert. Indem du lernst, „Nein" zu sagen, kannst du dich davor schützen, in einem Strudel von Erwartungen und Verpflichtungen zu ertrinken.

b) Respekt vor dir selbst: Das Setzen von Grenzen ist ein Akt der Selbstachtung. Indem du deine eigenen Bedürfnisse respektierst und kommunizierst, zeigst du anderen, dass du es wert bist, respektiert zu werden. Ohne Grenzen wirst du oft von anderen ausgenutzt oder manipuliert, weil du immer bereit bist, ihre Wünsche zu erfüllen. Aber wenn du zeigst, dass du dich selbst schätzt und respektierst, wirst du feststellen, dass auch andere dir mehr Respekt entgegenbringen.

c) Verbesserung von Beziehungen: Echte Freundschaften und gesunde Beziehungen beruhen auf gegenseitigem Respekt. Wenn du deine Grenzen nicht setzt, ermutigst du andere, dich zu überfordern oder dich in eine Position zu bringen, in der du dich unwohl fühlst. Doch gesunde Beziehungen zeichnen sich dadurch aus, dass beide Seiten ihre Bedürfnisse respektieren und anerkennen. Wenn du in der Lage bist, klar zu kommunizieren, was du brauchst und was du nicht bereit bist zu tolerieren, stärkst du deine Beziehungen zu anderen.

d) Persönliches Wachstum: Das Setzen von Grenzen fördert auch dein persönliches Wachstum. Du wirst selbstbewusster und lernst, deine eigenen Bedürfnisse und Wünsche klar zu formulieren. Das führt zu einem besseren Verständnis deiner selbst und ermöglicht es dir, dich in deinem eigenen Tempo weiterzuentwickeln, ohne dich von äußeren Erwartungen erdrücken zu lassen.

3. Wie man „Nein" sagt – Praktische Tipps

Es ist eine Sache, zu wissen, dass man „Nein" sagen sollte, und eine andere, es auch tatsächlich zu tun. Besonders in schwierigen sozialen Situationen kann es unangenehm oder sogar erschreckend wirken, sich abzugrenzen. Doch mit den richtigen Strategien kannst du lernen, „Nein" zu sagen, ohne dich schlecht zu fühlen oder dich von anderen beeinflussen zu lassen.

a) Sei direkt und respektvoll: Der Schlüssel zu einem klaren und selbstbewussten „Nein" ist Einfachheit. Vermeide es, dich zu rechtfertigen oder zu viele Erklärungen abzugeben. Ein einfaches „Das möchte ich nicht machen" oder „Ich habe dafür keine Zeit" ist vollkommen ausreichend. Achte darauf, dass du dabei ruhig und höflich bleibst, aber auch bestimmt. Du musst dich nicht rechtfertigen – deine Entscheidung ist gültig, auch ohne eine ausführliche Erklärung.

b) Nutze die „Ich"-Botschaft: Um Konflikte zu vermeiden und deine Entscheidung klarer zu kommunizieren, kannst du „Ich"-Botschaften verwenden. Anstatt zu sagen „Du nervst mich mit dieser Anfrage", könntest du sagen: „Ich fühle mich gestresst, wenn ich das tun muss." Dadurch übernimmst du Verantwortung für deine Gefühle und machst es der anderen Person leichter, deine Entscheidung zu respektieren.

c) Übe in kleinen Schritten: Wenn du nicht gewohnt bist, „Nein" zu sagen, kann es hilfreich sein, mit kleinen Situationen zu beginnen, in denen du dich sicherer fühlst. Du könntest bei weniger wichtigen Dingen üben, „Nein" zu sagen, etwa bei einer Einladung zu einer Party, die du nicht besuchen möchtest, oder bei einer Bitte um einen Gefallen, den du nicht erfüllen kannst. Je mehr du übst, desto leichter wird es dir fallen, auch in schwierigeren Situationen für dich einzutreten.

d) Setze klare Grenzen: Manchmal erfordert das Leben von dir mehr als nur ein einmaliges „Nein". Es kann Situationen geben, in denen du mehrfach an deine Grenzen erinnert werden musst. Wenn du merkst, dass jemand immer wieder an deinen Grenzen rüttelt, sei auch bereit, deine Position deutlich zu machen und konsequent zu bleiben. Zum Beispiel: „Ich habe dir bereits gesagt, dass ich das nicht tun möchte. Bitte respektiere meine Entscheidung." Klarheit und Beständigkeit sind entscheidend, um langfristig für dich selbst einzutreten.

e) Sei geduldig mit dir selbst: Das Setzen von Grenzen ist ein Prozess, der Zeit benötigt. Du wirst nicht immer in der Lage sein, sofort und in jeder Situation „Nein" zu sagen, aber das ist in Ordnung. Sei geduldig mit dir selbst und erkenne an, dass jede Situation, in der du dich abgrenzen kannst, ein Schritt in die richtige Richtung ist. Akzeptiere, dass es Rückschläge geben kann, aber dass du dich immer weiter verbessern kannst.

4. Fazit: Grenzen setzen ist Selbstfürsorge

Das Erlernen, „Nein" zu sagen und deine eigenen Grenzen zu setzen, ist ein essenzieller Schritt zu einem gesunden und selbstbewussten Leben. Wenn du in der Lage bist, deine Bedürfnisse zu erkennen und zu respektieren, wirst du feststellen, dass du dich nicht nur selbst besser fühlst, sondern auch von anderen mehr respektiert wirst. Das Setzen von Grenzen ist kein Zeichen von Egoismus, sondern von Selbstfürsorge und Respekt für dich selbst. Indem du für dich selbst einstehst, schützt du nicht nur deine eigenen Interessen, sondern legst auch den Grundstein für gesunde, respektvolle Beziehungen zu anderen Menschen. Du bist derjenige, der letztlich entscheidet, welche Einflüsse und Beziehungen in dein Leben treten – also sorge dafür, dass diese Entscheidungen in Einklang mit deinen wahren Werten und Bedürfnissen stehen.

Selbstzweifel & das Ding mit dem Selbstbewusstsein – Warum du gut bist, so wie du bist

Kapitel 11:

Selbstzweifel sind wie kleine Schatten, die uns ständig verfolgen, selbst an den sonnigsten Tagen. Sie flüstern uns ein, dass wir nicht genug sind – nicht klug genug, nicht hübsch genug, nicht stark genug. Besonders während der Pubertät, wenn wir uns selbst und unsere Welt noch definieren, scheinen diese Zweifel manchmal übermächtig zu sein. Sie sind die ständigen Begleiter, die uns infrage stellen, unsere Entscheidungen kritisieren und uns in Momenten der Unsicherheit das Gefühl geben, dass wir nicht gut genug sind. Doch was, wenn ich dir sage, dass du genau richtig bist, so wie du bist? Dass diese Zweifel nicht die Wahrheit sind, sondern nur die Illusion eines Teils von dir, der sich bisher nicht selbst in seiner ganzen Kraft und Schönheit erkennt? In diesem Kapitel werden wir uns mit dem Thema Selbstzweifel und Selbstbewusstsein auseinandersetzen – und vor allem damit, warum du gut bist, so wie du bist.

1. Die Natur von Selbstzweifeln

Selbstzweifel kommen nicht aus dem Nichts. Sie sind oft das Ergebnis von äußeren Einflüssen, die sich in unserem Inneren einnisten. In der Schule, in Freundschaften und in den sozialen Medien sehen wir ständig Bilder von Menschen, die scheinbar perfekt sind. Sie haben die besten Noten, die tollsten Outfits, die schönsten Körper. Doch was viele nicht erkennen, ist, dass diese „Perfektion" häufig nur eine Illusion ist, die mit viel Aufwand und manchmal sogar mit einer gehörigen Portion Lüge aufrechterhalten wird. Der Druck, diesem Bild zu entsprechen, kann erdrückend sein und unser Selbstwertgefühl ins Wanken bringen.

Selbstzweifel entstehen, wenn wir uns mit diesen idealisierten Bildern vergleichen und uns selbst als „nicht genug" empfinden. Aber was bedeutet es eigentlich, „genug" zu sein? Ist es wirklich das, was wir in den Medien sehen, oder ist es vielmehr das, was in uns steckt? Um Selbstzweifel zu überwinden, müssen wir uns zunächst darüber im Klaren werden, dass unser Wert nicht von äußeren Maßstäben abhängt. Wir müssen lernen, uns selbst als die einzigartigen und wertvollen Menschen zu sehen, die wir sind – mit all unseren Stärken und Schwächen.

2. Die Ursachen von Selbstzweifeln

Selbstzweifel sind selten einfach zufällig. Sie haben oft tiefere Ursachen, die mit der Art und Weise zusammenhängen, wie wir in der Gesellschaft aufwachsen, mit unseren Erfahrungen und mit der Art, wie wir selbst über uns denken. Hier sind einige der häufigsten Ursachen von Selbstzweifeln:

a) **Perfektionismus:** Viele von uns sind in einer Kultur aufgewachsen, die uns beigebracht hat, dass nur das Beste gut genug ist. Das Streben nach Perfektion kann dazu führen, dass wir uns ständig hinterfragen und unsere eigenen Leistungen und Qualitäten nicht anerkennen. Der Gedanke, dass wir immer perfekt sein müssen, führt dazu, dass wir uns selbst ständig kritisieren und nie wirklich zufrieden mit uns sind.

b) **Vergleich mit anderen:** In einer Welt, in der die sozialen Medien allgegenwärtig sind, fällt es besonders schwer, sich nicht mit anderen zu vergleichen. Es scheint, als hätten alle anderen das Leben besser im Griff – sie sind erfolgreicher, glücklicher, schöner. Doch dieser Vergleich ist trügerisch, weil er oft auf oberflächlichen Eindrücken basiert. Jeder Mensch hat seine eigene Geschichte, seine eigenen Kämpfe und Herausforderungen. Nur weil jemand anders auf Instagram ein Bild von einem scheinbar perfekten Leben teilt, heißt das nicht, dass es in Wahrheit so ist.

c) **Frühere Erfahrungen:** Viele Selbstzweifel haben ihre Wurzeln in vergangenen Erlebnissen. Vielleicht wurdest du in der Schule gemobbt, hast in einer Beziehung enttäuscht oder hast das Gefühl, in bestimmten Bereichen des Lebens immer wieder zu scheitern. Diese Erfahrungen können tief in uns verankert werden und uns das Gefühl geben, dass wir nicht gut genug sind. Aber sie definieren nicht unseren Wert. Deine Vergangenheit muss nicht deine Zukunft bestimmen.

d) Kritik von außen: Oft sind es die Erwartungen von anderen – sei es von Eltern, Lehrern oder Freunden – die uns das Gefühl geben, nicht genug zu sein. Wenn du ständig mit negativen Kommentaren oder unrealistischen Erwartungen konfrontiert wirst, kann das dein Selbstwertgefühl stark beeinträchtigen. Es ist wichtig zu verstehen, dass der Wert eines Menschen nicht von den Meinungen anderer abhängt.

3. Wie Selbstbewusstsein entsteht

Selbstbewusstsein ist nicht etwas, mit dem du geboren wirst. Es ist eine Fähigkeit, die du im Laufe der Zeit entwickelst, durch Erfahrungen, durch das Lernen aus Fehlern und durch das Akzeptieren von dir selbst – mit all deinen Stärken und Schwächen. Selbstbewusstsein bedeutet, sich selbst zu kennen und zu verstehen, dass du wertvoll bist, egal was andere sagen oder denken.

a) Akzeptanz deiner Stärken und Schwächen: Echte Selbstsicherheit entsteht, wenn du dich selbst als Ganzes akzeptierst. Du bist nicht perfekt – und das ist auch nicht nötig. Jeder hat Stärken und Schwächen, und beides macht dich zu dem Menschen, der du bist. Deine Stärken sind das, was dich einzigartig macht, und deine Schwächen sind die Bereiche, in denen du wachsen kannst. Wenn du beide Seiten von dir akzeptierst, wirst du weniger anfällig für Selbstzweifel.

b) Positive Selbstgespräche: Die Art und Weise, wie du mit dir selbst sprichst, beeinflusst dein Selbstbewusstsein enorm. Wenn du dich ständig kritisierst, wirst du das Gefühl haben, nicht gut genug zu sein. Wenn du jedoch beginnst, dich selbst zu ermutigen und dich für deine Erfolge zu loben – auch die kleinen –, wirst du dein Selbstwertgefühl stärken. Statt dich selbst zu verurteilen, versuche, dich zu unterstützen. „Ich habe das gut gemacht", „Ich bin stolz auf mich", „Ich werde mich immer weiter verbessern" – solche Gedanken können Wunder wirken.

c) Vergebung: Um Selbstbewusstsein aufzubauen, ist es wichtig, dir selbst zu vergeben. Du wirst Fehler machen – das ist menschlich. Doch es ist entscheidend, nicht in der Vergangenheit zu verharren und sich für Fehler zu bestrafen. Jeder Fehler ist eine Chance zu lernen und zu wachsen. Verzeihe dir selbst, um Raum für positive Veränderungen zu schaffen.

d) Umgeben dich mit positiven Menschen: Deine Umgebung hat einen enormen Einfluss auf dein Selbstbewusstsein. Menschen, die dich unterstützen, dich ermutigen und dir das Gefühl geben, dass du wertvoll bist, tragen dazu bei, dass du an dich selbst glaubst. Versuche, dich mit Menschen zu umgeben, die dir guttun und die dich nicht herunterziehen. Du bist der Durchschnitt der fünf Menschen, mit denen du die meiste Zeit verbringst. Achte darauf, dass diese Menschen dich in deinem Wachstum unterstützen.

4. Praktische Tipps, um Selbstzweifel zu überwinden

Es ist eine Sache, über Selbstbewusstsein zu sprechen, und eine ganz andere, es in die Praxis umzusetzen. Hier sind einige praktische Tipps, die dir helfen können, deine Selbstzweifel zu überwinden und ein starkes, selbstbewusstes Leben zu führen:

a) Setze dir kleine Ziele: Große Ziele können überwältigend wirken und die Zweifel an deinen Fähigkeiten verstärken. Beginne stattdessen mit kleinen, erreichbaren Zielen, die dir ein Erfolgserlebnis verschaffen. Jeder noch so kleine Erfolg hilft dir, an dich selbst zu glauben und das Vertrauen in deine Fähigkeiten zu stärken.

b) Lerne, dich selbst zu feiern: Es ist wichtig, dass du dir Zeit nimmst, deine Erfolge zu feiern – auch die kleinen. Ob du eine gute Note bekommen hast, eine schwierige Situation gemeistert hast oder einfach einen guten Tag hattest – erkenne diese Erfolge an und sei stolz auf dich. Das hilft, das Selbstbewusstsein zu stärken und die negativen Gedanken zu verdrängen.

c) Schreibe ein positives Tagebuch: Jeden Tag fünf Dinge aufzuschreiben, auf die du stolz bist oder für die du dankbar bist, kann helfen, dein Selbstwertgefühl zu verbessern. Indem du dich auf das Positive in deinem Leben konzentrierst, wirst du feststellen, dass du viel mehr erreicht hast, als du denkst.

d) Umgebe dich mit positiven Affirmationen: Affirmationen sind kurze, positive Aussagen, die dir helfen, dein Denken zu verändern. Statt zu sagen „Ich schaffe das nicht", sage dir selbst, „Ich bin fähig" oder „Ich habe die Kraft, Herausforderungen zu meistern". Wiederhole diese Sätze regelmäßig, um deine Denkweise zu verändern.

5. Fazit: Du bist genug, so wie du bist

Selbstzweifel gehören zum Leben – sie sind normal, aber sie definieren nicht, wer du bist. Du bist mehr als deine Fehler, mehr als deine Unsicherheiten und mehr als die negativen Gedanken, die du dir manchmal machst. Du bist einzigartig, du bist wertvoll und du bist genug, so wie du bist. Das Erkennen deiner eigenen Stärken, das Akzeptieren deiner Schwächen und das Vertrauen in dich selbst sind die Schlüssel, um ein gesundes Selbstbewusstsein zu entwickeln und die Selbstzweifel hinter dir zu lassen. Jeder Tag ist eine neue Chance, an dich selbst zu glauben und zu wachsen – also mach den ersten Schritt und erinnere dich daran, dass du gut bist, so wie du bist.

Was kommt nach der Pubertät? – Spoiler: Es wird besser – versprochen!

Kapitel 12:

Die Pubertät. Diese turbulente, stürmische, emotionale Achterbahnfahrt. In den letzten Jahren hast du wahrscheinlich mehr Fragen als Antworten gehabt, und es gab Momente, in denen du dir gewünscht hast, die ganze Phase einfach überspringen zu können. Zwischen den Hormonen, den Konflikten mit deinen Eltern und den ständigen Selbstzweifeln fühlt sich die Pubertät manchmal an wie ein riesiger Berg, der einfach nicht kleiner werden will. Aber hier ist die gute Nachricht: Es wird besser – und zwar viel besser! Nach der Pubertät kommt eine Zeit, in der du deine Identität festigst, mehr Klarheit über dich selbst gewinnst und beginnst, die Welt mit anderen Augen zu sehen. In diesem Kapitel schauen wir uns an, was nach der Pubertät kommt und warum du dich darauf freuen solltest.

1. Die Last der Pubertät – warum sie so schwer ist

Die Pubertät ist eine Phase des Umbruchs. Dein Körper verändert sich, deine Gedanken und Gefühle sind intensiver und unvorhersehbarer, und du versuchst gleichzeitig herauszufinden, wer du eigentlich bist und was du vom Leben erwartest. Es ist ein ständiges Auf und Ab: mal hast du das Gefühl, die Welt erobern zu können, mal fühlst du dich von der Last deiner eigenen Unsicherheiten erdrückt.

Die Herausforderungen der Pubertät können sich wie eine never-ending story anfühlen. Du musst mit den vielen Erwartungen, die an dich gestellt werden, zurechtkommen, sei es in der Schule, in deiner Familie oder in deinem Freundeskreis. In der Pubertät geht es nicht nur darum, körperlich zu reifen, sondern auch darum, eine neue Perspektive auf die Welt zu entwickeln. Du beginnst, dich von den Vorstellungen, die dir von anderen – deinen Eltern, Lehrern oder Freunden – vermittelt wurden, zu lösen und deine eigene Sichtweise zu entwickeln.

Das alles kann überwältigend sein. Dein Gehirn, das sich in dieser Phase noch weiter entwickelt, ist nicht immer in der Lage, die vielen verschiedenen Eindrücke und Eindrücke richtig einzuordnen. Konflikte in der Familie, in Freundschaften oder in der Schule wirken sich intensiver auf dich aus, und oft kannst du nicht wirklich rational handeln, weil du einfach nicht die geistige Reife hast, um alles zu verstehen. Du fragst dich oft: „Werde ich das alles überstehen? Warum fühle ich mich so, wie ich mich fühle?"

Das Wichtigste, was du wissen musst, ist: **Es ist vollkommen normal, in dieser Zeit verwirrt zu sein.** Diese Phase gehört zum Leben und sie wird irgendwann vorübergehen.

2. Was kommt nach der Pubertät?

Stell dir die Pubertät vor, wie einen langen, dunklen Tunnel. Du bist mitten im Tunnel, umgeben von all diesen Gefühlen und Unsicherheiten, und es fühlt sich an, als würdest du nie wieder das Licht sehen. Aber, wie bei jedem Tunnel, gibt es ein Ende – und was du dort findest, ist nicht nur ein Licht, sondern eine neue Perspektive auf dich selbst und auf die Welt um dich herum.

Das Leben nach der Pubertät wird entspannter – wirklich!

Wenn du die Pubertät hinter dir lässt, wirst du merken, dass du weniger von äußeren Meinungen abhängig bist. Die ganzen Ängste und Unsicherheiten, die dich während der Pubertät geplagt haben, beginnen, sich zu lösen. Du beginnst, mehr Selbstvertrauen zu entwickeln und deinen eigenen Weg zu finden. Du verstehst, dass es in Ordnung ist, Fehler zu machen, dass du nicht perfekt sein musst und dass du die Kontrolle über dein eigenes Leben hast.

Es gibt eine gewisse Ruhe, die mit dem Erwachsenwerden einhergeht. Du gewinnst eine gewisse Klarheit darüber, wer du bist und was du vom Leben möchtest. Vielleicht erkennst du, dass viele der Dinge, die dich früher so sehr beschäftigt haben – wie das Streben nach Popularität, die Meinung anderer oder der Drang, perfekt zu sein – nicht mehr so wichtig sind. Du wirst dir sicherer darüber, was du im Leben willst und was du nicht willst.

3. Die Veränderungen im Gehirn – wie du die Kontrolle übernimmst

Der Übergang von der Pubertät zum Erwachsenwerden geht auch mit Veränderungen in deinem Gehirn einher. Du wirst nicht nur körperlich, sondern auch mental reifer. Dein Gehirn hat in der Pubertät viele neue Verbindungen aufgebaut, aber diese müssen erst richtig ausreifen. Mit der Zeit wirst du beginnen, Zusammenhänge besser zu verstehen, Entscheidungen fundierter zu treffen und deine Impulse besser zu kontrollieren.

Ein weiterer Vorteil dieser Veränderungen ist, dass du mit der Zeit besser in der Lage bist, mit Stress umzugehen. In der Pubertät kann jeder noch so kleine Konflikt wie eine Katastrophe wirken, aber mit zunehmendem Alter wirst du lernen, ruhiger zu bleiben und die Dinge objektiver zu betrachten. Deine Fähigkeit, Probleme zu lösen und dich selbst zu regulieren, verbessert sich.

Auch das Verständnis für deine eigenen Emotionen wird sich verändern. Wo du dich früher in den ständigen Schwankungen von Wut, Traurigkeit und Freude verlieren konntest, wirst du nunmehr in der Lage sein, diese Emotionen zu erkennen und auf gesunde Weise damit umzugehen. Du wirst lernen, deine eigenen Bedürfnisse und Wünsche klarer zu verstehen und auf eine Weise zu handeln, die dich selbst und andere respektiert.

4. Beziehungen und Freundschaften – die Kunst der Auswahl

In der Pubertät hast du oft das Gefühl, dass es um „alles oder nichts" geht. Freundschaften, Beziehungen und die Meinung anderer sind in dieser Zeit überlebenswichtig. Die Bedeutung von Zugehörigkeit und Akzeptanz kann sich wie eine ganz große Sache anfühlen, und manchmal lässt du dich zu sehr von anderen beeinflussen.

Doch nach der Pubertät wirst du merken, dass es mehr darauf ankommt, **die richtigen Menschen um dich zu haben**. Du wirst anfangen, Freundschaften zu schätzen, die auf echten gemeinsamen Interessen, Werten und Unterstützung basieren, anstatt nur aus dem

Wunsch nach Zugehörigkeit zu bestehen. Diese Qualität über Quantität zu stellen, wird dir helfen, authentische Verbindungen zu Menschen aufzubauen, die dich wirklich verstehen und unterstützen.

In Beziehungen wirst du ebenfalls reifer. Du wirst in der Lage sein, tiefere, bedeutungsvollere Verbindungen einzugehen, ohne dich ständig zu hinterfragen. Du wirst die Bedeutung von Kommunikation, Vertrauen und Respekt erkennen und lernen, was es bedeutet, eine Beziehung auf Augenhöhe zu führen. Dabei wirst du auch erkennen, dass es okay ist, „Nein" zu sagen, deine eigenen Grenzen zu setzen und nicht in eine Beziehung zu gehen, nur weil es eine Erwartung oder ein gesellschaftlicher Druck ist.

5. Deine Ziele und die Zukunft – endlich Klarheit

Während der Pubertät hast du dir vielleicht ständig die Frage gestellt: „Was will ich eigentlich mit meinem Leben anfangen?" Vielleicht warst du nicht sicher, welche Karriere dich interessiert, was deine wahren Leidenschaften sind oder was du von der Zukunft erwartest. Doch nach der Pubertät wirst du beginnen, eine klarere Vorstellung davon zu bekommen, was du wirklich willst und was nicht.

Du wirst mehr in der Lage sein, deine eigenen Ziele zu setzen und darauf hinzuarbeiten. Du wirst nicht mehr von äußeren Meinungen oder kurzfristigen Trends beeinflusst sein, sondern deine eigenen langfristigen Visionen entwickeln. Ob es um deine berufliche Zukunft, dein Studium, deine Beziehungen oder deine persönlichen Träume geht – du wirst klarer wissen, was du erreichen möchtest.

In dieser Phase wirst du auch lernen, Verantwortung für dein eigenes Leben zu übernehmen. Du wirst erkennen, dass du derjenige bist, der die Entscheidungen für deine Zukunft trifft, und dass du die Kontrolle darüber hast, was als Nächstes kommt. Es ist der Moment, in dem du deine Unabhängigkeit wirklich verstehst und die ersten Schritte in ein Leben voller Selbstbestimmung und persönlichem Wachstum unternimmst.

6. Fazit: Es wird wirklich besser!

Wenn du dich noch in den Wirren der Pubertät befindest, mag es sich manchmal so anfühlen, als würde dieser Moment nie enden. Doch du solltest wissen, dass das Leben nach der Pubertät mehr als nur einen Lichtblick bietet – es wird ein neuer Abschnitt voller Möglichkeiten, Klarheit und persönlichem Wachstum. Du wirst entdecken, wer du wirklich bist und was du vom Leben willst. Und du wirst feststellen, dass du die

Stärke und Weisheit hast, dein Leben in die Hand zu nehmen.

Die Pubertät mag hart sein, aber sie ist nur ein Übergang – ein notwendiger Schritt auf deinem Weg zu einem reiferen, selbstbewussteren und glücklicheren Selbst. Also erinnere dich immer daran: Es wird besser. Spoiler-Alarm: Es wird wirklich besser. Und du wirst es schaffen, gestärkt und mit einem klaren Kopf aus dieser Phase herauszukommen.

Nachwort

Nachwort

Die Pubertät ist eine Zeit des Umbruchs – eine Zeit, in der du nicht nur äußerlich, sondern auch innerlich wächst. Du lernst nicht nur deinen Körper kennen, sondern auch die vielen Facetten deiner Persönlichkeit. Es ist eine Phase, die dich auf das Leben als Erwachsener vorbereitet, auch wenn du vielleicht manchmal das Gefühl hast, dass du den richtigen Weg noch nicht gefunden hast.

Dieses Buch soll dir dabei helfen, die Herausforderungen dieser turbulenten Zeit zu verstehen und zu bewältigen. Doch denk daran: Die Pubertät ist nur ein kleiner Abschnitt auf deinem Weg, und auch wenn sie sich manchmal wie das Ende der Welt anfühlt, ist sie in Wahrheit nur der Beginn von etwas viel Größerem. Du wirst lernen, dich selbst zu akzeptieren, deine Stärken zu erkennen und dich von Zweifeln zu befreien. Du wirst auf Hindernisse stoßen, aber du wirst auch lernen, wie du sie überwinden kannst.

Du bist auf dem besten Weg, dich selbst zu entdecken und zu verstehen. Lass dir von niemandem einreden, dass du nicht genug bist – du bist mehr als genug, genau so, wie du bist. Gib dir Zeit, lerne aus deinen Erfahrungen und sei geduldig mit dir selbst.

Danke, dass du dich auf diese Reise eingelassen hast. Ich hoffe, dieses Buch hat dir ein wenig Klarheit gebracht, dich zum Lächeln oder Nachdenken angeregt und dir vielleicht den ein oder anderen hilfreichen Gedanken mitgegeben. Denk daran: Du bist nicht allein, und es gibt immer einen Weg, der dich zu dir selbst führt.

Die Pubertät geht irgendwann vorbei, aber das, was du auf dieser Reise über dich selbst lernst, bleibt für immer.

Alles Gute für deinen weiteren Weg – du schaffst das!

Danksagung

Danksagung

An erster Stelle möchte ich meinen Eltern im Himmel danken, die mich während meiner Reise des Wachsens, Zweifelns und Findens stets begleitet haben. Sie waren immer da, auch wenn sie mir oft das Gefühl gaben, die Welt um mich herum vielleicht nicht zu verstehen, haben sie mich doch geformt und mir die Werkzeuge gegeben, mich in ihr zurechtzufinden. Ihre Geduld, ihr Rat und ihre Liebe begleiten mich bis heute, selbst wenn sie nicht mehr hier sind.

Auch wenn wir uns nicht mehr in dieser Welt sehen, so wissen ich, dass ihre Erinnerungen und die Werte, die sie mir vermittelten, in mir weiterleben. Sie haben mich ertragen, mich manchmal in den Wahnsinn getrieben, aber stets unterstützt. Ich werde immer dankbar dafür sein, dass ich von ihnen lernen durfte – und dass sie, trotz allem, immer an meiner Seite standen.

In Erinnerung an alles, was sie mir beigebracht haben, und in tiefer Dankbarkeit für all die Opfer, die sie gebracht haben, um mich zu dem Menschen zu machen, der ich heute bin.

In tiefer Dankbarkeit
Mara

*Erstellung und Gestaltung wurden
mithilfe von WriteControl vorgenommen*